Em busca de Deus

Dados Internacionais de Catalogação na Publicação (CIP)
(Câmara Brasileira do Livro, SP, Brasil)

Albernaz, Pedro Luiz Mangabeira, 1932-
Em busca de Deus : uma visão pessoal do judaísmo / Pedro Luiz Mangabeira Albernaz. — São Paulo : Ágora, 2005.

Bibliografia.
ISBN 85-7183-897-6

1. Albernaz, Pedro Luiz Mangabeira, 1932- 2. Conversão - Judaísmo 3. Judaísmo - Doutrinas 4. Judaísmo - História 5. Judaísmo - Relações - Cristianismo 6. Religião - História I. Título.

05-3713   CDD-296.714

Índice para catálogo sistemático:

1. Judaísmo : Interpretação de convertido : Religião 296.714

Compre em lugar de fotocopiar.
Cada real que você dá por um livro recompensa seus autores
e os convida a produzir mais sobre o tema;
incentiva seus editores a encomendar, traduzir e publicar
outras obras sobre o assunto;
e paga aos livreiros por estocar e levar até você livros
para a sua informação e o seu entretenimento.
Cada real que você dá pela fotocópia não autorizada de um livro
financia um crime
e ajuda a matar a produção intelectual em todo o mundo.

Em busca de Deus

Uma visão pessoal do judaísmo

Pedro Luiz Mangabeira Albernaz

EM BUSCA DE DEUS
Uma visão pessoal do judaísmo
Copyright © 2005 by Pedro Luiz Mangabeira Albernaz
Direitos desta edição reservados por Summus Editorial

Assistência editorial: **Soraia Bini Cury**
Assistência de produção: **Claudia Agnelli**
Projeto gráfico e capa: **Sylvia Mielnik e Nelson Mielnik**
Editoração eletrônica: **Acqua Estúdio Gráfico**
Fotolitos: **Join Bureau**

Editora Ágora
Departamento editorial:
Rua Itapicuru, 613 – 7º andar
05006-000 – São Paulo – SP
Fone: (11) 3872-3322
Fax: (11) 3872-7476
http://www.editoraagora.com.br
e-mail: agora@editoraagora.com.br

Atendimento ao consumidor:
Summus Editorial
Fone: (11) 3865-9890

Vendas por atacado:
Fone: (11) 3873-8638
Fax: (11) 3873-7085
e-mail: vendas@summus.com.br

Impresso no Brasil

Meu filho Pedro Luiz Mangabeira Albernaz Junior faleceu, há pouco tempo, de um melanoma maligno. Foram oito anos de luta constante, mas nos seus últimos meses de vida seu estado de saúde havia se deteriorado muito. Grande parte deste livro foi escrita durante esses últimos meses terríveis de sua doença. Talvez tenha sido, para mim, uma forma de fuga. Ou uma forma de oração.

Este livro não existiria sem o encorajamento e a crítica construtiva de Pedro Bloch. Foi ele quem sugeriu que eu o escrevesse, e a cada capítulo me telefonava, estimulando-me e muitas vezes fazendo importantes sugestões. Somente os dois últimos capítulos deixaram de ser revistos por ele. O seu prefácio foi, muito provavelmente, uma das últimas coisas por ele escritas.

Este livro é carinhosamente dedicado a eles.

AGRADECIMENTOS

Diversas pessoas contribuíram com estímulos, sugestões e correções: rabino Adrián Gottfried, Alina Perlman, Andrea Mangabeira Albernaz, Claudio Luiz Lottenberg, Guillermo Bigliani, Ivone Schindler Eminente, José Goldenberg, rabina Luciana Pajecki Lederman, Marlene Mangabeira Albernaz, Valéria Bigliani Ferreira. Uri Lam, além do estímulo, uniformizou a grafia das palavras hebraicas. A todos eles manifesto minha enorme gratidão.

Um agradecimento muito especial a Samuel Siebel, que acreditou em mim.

SUMÁRIO

Prefácio 11
Introdução 13
Capítulo I — Raízes 21
Capítulo II — Gênesis 33
Capítulo III — Deus 41
Capítulo IV — Templos 51
Capítulo V — A evolução do judaísmo 57
Capítulo VI — Jesus e o cristianismo 79
Capítulo VII — A diáspora 97
Capítulo VIII — O pensamento judaico 127
Capítulo IX — O judaísmo no século XXI 143
Epílogo 159
Cronologia 161
Referências 167

PREFÁCIO

Não.
Não é um prefácio.
É um assombro.
Não existem prefácios para a busca de Deus.
Ela é intrínseca à própria busca.
Para quem não acredita em milagres, este livro é um. Mangabeira Albernaz consegue reunir fatos, lendas, hipóteses e documentos, conferindo-lhes uma ordem surpreendente, pela interpretação, pela concatenação, pelas ilações de um estudo lúcido extraordinário.

Einstein dizia que "Deus é o mistério insondável do Universo" e com isso dava a impressão de que a busca era impossível.

Entretanto, ele mesmo transpirava a ânsia de um encontro.

Pontes de Miranda, o grande jurista, em sua procura, chegou à conclusão de que "não podia não crer".

Esse "não posso não crer" é o que impulsiona o ser humano, em sua permanente busca, para a explicação de um mundo caótico.

Mangabeira Albernaz nos dá a certeza de que ele, em sua maravilhosa busca, encontrou tanto lastro divino que ele "só pode crer".

PEDRO BLOCH

INTRODUÇÃO

Há 33 anos casei-me com uma mulher judia. Para mim, naquela ocasião, uma conversão era algo totalmente fora de propósito. Seria apenas um ato social, inaceitável para nós dois. Inclusive combinamos que, se tivéssemos filhos, eles não seriam educados nem em uma escola católica nem em uma escola judaica, e que teriam liberdade de escolher a religião que quisessem.
 Esse era o meu segundo casamento, e o primeiro dela. Para mim, a canção escrita por Sammy Cahn e Jimmy Van Heusen se aplica de forma total: *Love is lovelier the second time around*.
 Por sermos muito unidos, diversas vezes eu a acompanhei a cerimônias religiosas judaicas, principalmente às Grandes Festas. Em um dia de Rosh Hashaná, o primeiro

dia do ano judaico, descobrimos, acidentalmente, a Comunidade Shalom, um grupo ligado ao Movimento Reformista que, naquele tempo, se reunia para as Grandes Festas no auditório do Hospital Israelita Albert Einstein. Nessa ocasião, a maior parte do serviço era em português, e eu fiquei absolutamente fascinado pela semelhança entre os textos religiosos judaicos e cristãos. Desde essa época passamos a freqüentar a Shalom nas Grandes Festas.

Quando nossa filha completou 11 anos, ela resolveu optar pela religião judaica e fez o curso de *bat-mitzvá* na Comunidade Shalom. Durante seu curso minha esposa e eu nos aproximamos mais da Shalom. Recordo-me de que, alguns dias antes das Grandes Festas, recebi uma carta do rabino convidando-me para segurar a Torá durante o serviço da manhã de Rosh Hashaná. Telefonei ao rabino em pânico:

"Rabino, eu não sou judeu!"

"Eu sei", disse ele. "A única coisa que você não pode fazer no serviço é ler a Torá. Segurá-la é algo que você pode fazer sem nenhum problema."

Certamente houve um componente místico nesse acontecimento. Recordo-me da imensa sensação de estar perto de Deus ao segurar os rolos da Torá, logo após seu passeio pela sinagoga. Minha razão me diz que é a mesma coisa que segurar uma Bíblia judaica em forma de livro. Será que o fato de ter sido escrita manualmente em peles de carneiro faz alguma diferença? Creio que não. O que houve foi alguma coisa mágica daquele momento.

Pouco tempo depois, o irmão de minha esposa foi acometido de uma doença grave e veio a falecer, aos 39 anos de idade. Uma série de circunstâncias nos aproximou de um rabino ortodoxo que até hoje é um amigo muito querido. A circunstância traumática da morte do irmão levou minha esposa a pedir a esse rabino que lhe desse aulas sobre o judaísmo. Ele não tinha tempo, mas sugeriu que seu genro, que acabara de chegar dos Estados Unidos, o fizesse.

Como sempre, eu fui junto. Durante dois anos comparecemos à sua casa, quase todas as semanas, nas segundas-feiras à noite. Ele e sua esposa também são, até hoje, pessoas muito amigas.

Ele nos falou de Deus, dos princípios da religião judaica e dos princípios éticos. Aos poucos, fui construindo uma visão do judaísmo. De vez em quando tínhamos sérias discordâncias que, de maneira geral, serão discutidas mais adiante. Mas a maioria dos tópicos sobre os quais conversamos trouxe-me uma sensível percepção sobre o significado dos princípios do judaísmo.

Não há dúvida, na minha mente, de que os judeus moldaram o mundo moderno. E é fascinante observar que eles inventaram o dia semanal de descanso, que era estendido a todos os estrangeiros, a todos os escravos e até aos animais do campo. Eles criaram a ética no relacionamento com Deus e com os homens, e inventaram a ecologia. Criaram o ano sabático para o solo, a fim de protegê-lo. E inventaram a *tzedaká*, que é mais do que a caridade, pois implica também justiça social. "Quando colheres o produto do teu campo, não colherás até os seus cantos, nem colherás os grãos caídos" (Levítico 19,9). Os grãos que cresciam nos cantos, assim como os que caíam, eram destinados às populações pobres. O livro de Rute nos conta como as pessoas pobres de Belém, inclusive a própria Rute, seguiam os colhedores nos campos para apanhar os grãos que caíam (Rute 2,3).

A doutrina cristã, apesar de ter se originado do judaísmo, presume que o mundo está completo. Jesus, ao ser crucificado, resgatou toda a Humanidade. Nada mais precisamos fazer, a não ser ter fé.

No judaísmo não precisamos ter fé. Apenas Maimônides, no século XII, considerou a fé como algo essencial, mas não só seus 13 Princípios da Fé como a própria idéia de fazer tal lista de princípios foram extensamente criticados.

O importante é que somos parceiros de Deus e precisamo-nos engajar no *tikun olan*, precisamos aperfeiçoar o mundo, precisamos completar a Criação. Temos uma enorme tarefa a cumprir, enquanto no cristianismo tudo já foi realizado.

Mas ainda assim, durante algum tempo, a personalidade de Jesus representou, para mim, um grande problema. Mais adiante dedicarei um capítulo a Jesus. Neste momento devo dizer apenas que estudei sua vida e que dois livros, *Jesus — A life*, do historiador inglês A. N. Wilson, e *Jesus the Jew*, do arqueólogo Geza Vermes, deram-me uma nova perspectiva sobre ele. Para mim, ele foi um grande profeta do judaísmo, e isso é exatamente o que ele acreditava ser.

Nesse ponto, para espanto total de minha esposa, decidi converter-me ao judaísmo.

É algo muito claro para mim que o aprendizado com um rabino ortodoxo foi o impulso para minha conversão. Na Comunidade Shalom, uma organização totalmente livre de preconceitos, eu era completamente aceito, mesmo sem ser judeu.

Mas é impossível, para mim, acreditar que o mundo tem 5.765 anos, ou que os dinossauros nunca existiram, ou que a Bíblia e o Talmude foram totalmente ditados por Deus. Por isso, no momento em que decidi me converter, voltei a procurar a Shalom. Matriculei-me no curso de conversão, que tinha a duração de um ano, e, ao terminá-lo, cumpri as exigências requeridas: a circuncisão, o *bet din* (o tribunal rabínico) e o banho ritual, que, no meu caso, foi realizado no oceano Atlântico. Poucos dias depois, na minha cerimônia de *bar-mitzvá*, que os meninos judeus costumam fazer aos 13 anos, minha filha fez uma linda prédica. Certamente bem poucos judeus tiveram a oportunidade de, no *bar-mitzvá*, ouvir as palavras de uma filha...

Logo em seguida minha mulher e eu nos casamos na sinagoga, comemorando de forma nada usual nossos 25 anos de casados.

COMO NASCEU ESTE LIVRO

Eu havia acabado de me formar quando houve um Congresso de Otorrinolaringologia na Associação Paulista de Medicina. Lá fui apresentado ao dr. Pedro Bloch. Eu nem sabia que ele era médico, conhecia-o somente como um grande autor teatral, e havia visto sua peça *As mãos de Eurídice*, com o ator Rodolfo Mayer, um espetáculo fantástico, apresentado ininterruptamente durante mais de um ano. Algo que hoje sei que também aconteceu em muitos lugares do mundo, celebrizando atores na Espanha e na Suécia, e possivelmente em outros países.

Mas o fato é que, nesse dia, fui apresentado ao Pedro Bloch da seguinte maneira:

"Este é o filho do professor Mangabeira".

Pedro Bloch pegou o meu crachá e disse:

"Não, ele é o *Pedro Luiz* Mangabeira".

O fato de aquele grande homem se preocupar com minha identidade foi algo que me impressionou profundamente. E é lógico que, ao longo do tempo, voltamos a nos encontrar várias vezes e nos tornamos muito amigos.

Quando me converti ao judaísmo, lembro-me de lhe ter enviado uma longa carta, por dois motivos. O primeiro é que, na minha consciência, eu sentia a necessidade de lhe dar uma explicação. Era algo meu, ele jamais me teria pedido explicação alguma. O segundo foi convidá-lo para ser meu padrinho de casamento na sinagoga. Na verdade, essa cerimônia de casamento ocorreu no ano em que minha esposa e eu completávamos 25 anos de casados...

Há alguns meses fui visitá-lo no Rio e ele me perguntou:

"Por que você não escreve um livro sobre religião?"

"Só se você me ajudar", disse eu.

E foi assim que esta aventura começou. Para mim é uma aventura, porque envolve muitas das decisões que tomei ao longo da vida. Há um conto de George Bernard Shaw que se chama *As aventuras de uma negrinha em busca de Deus (The adventures of a little black girl in her search for God)*. De forma bem diferente da menina africana, que estava sendo catequizada por uma missionária protestante, eu também empreendi uma busca para encontrar Deus. E é o que pretendo contar neste livro.

Não me preocuparei com os grandes princípios filosóficos das religiões. Aqueles que quiserem conhecer esses princípios devem ler o extraordinário livro de Aldous Huxley, *A filosofia perene*, que os discute de forma completa e profunda. O que eu contarei a vocês será essencialmente minha viagem pessoal pelo mundo da religião.

Começarei com minhas raízes: meus antecedentes familiares e os livros que acredito terem sido importantes para mim. Depois direi alguma coisa sobre o mundo em que vivemos e sobre as origens das religiões, sobre Deus e sobre os templos. E contarei a vocês, também, algumas das circunstâncias da minha conversão ao judaísmo.

Então darei minha visão dos fatos mais significativos da história do povo judeu: a fuga do Egito, o período no deserto, a época de Jesus, o início do cristianismo, a destruição de Jerusalém. Abordarei também os principais grupos judeus na diáspora, e a vida dos judeus na Europa até a época de Napoleão. Uma menção será feita, ainda, ao Novo Mundo, pois esse também se beneficiou da importância das atividades judaicas.

No final direi a vocês o que acho que existe de mais importante no pensamento judaico e o significado do judaísmo no século XXI.

Embora as opiniões por mim expressadas possam ser encontradas em outros estudos, elas representam a minha visão pessoal. Sei que muitas pessoas discordarão desses conceitos e é até possível que alguns fiquem chocados. Mas talvez eles sejam importantes para outros, e essa é a principal razão de escrever este livro.

Minha visão pessoal da religião é essencialmente judaica, mas o fato é que existem grandes semelhanças entre todas as religiões. Ao longo da história, muitas guerras, lutas, perseguições, maldades e preconceitos surgiram, e continuam a surgir, em nome delas. Esses atos não vêm de Deus. São apenas insanidades da mente humana, manifestações de falta de civilização. No nosso século, deparamos com o "fundamentalismo". Cada grupo religioso classifica alguns membros de outras religiões como fundamentalistas. Mas as coisas não são bem assim. Infelizmente há fundamentalistas em todas as religiões. E eles extraem delas interpretações duvidosas para justificar o seu ódio. O ódio não faz parte de nenhuma religião. E nossa principal tarefa é fazer que as religiões cumpram sua verdadeira tarefa, a de praticar o bem.

Já não somos membros de uma tribo, nem mesmo cidadãos de um país. Somos cidadãos do mundo, somos membros de uma comunidade planetária. Todos os seres vivos são manifestações de Deus e todas as religiões são tentativas de entrar em contato com Ele. Já é tempo de aprendermos a separar, nas religiões, o que diz respeito a Deus e o que diz respeito às fraquezas humanas.

INTRODUÇÃO ■ 19

CAPÍTULO I
RAÍZES

A idéia de uma religião tem de nascer. Geralmente a questão é simples. A maioria das pessoas apenas acompanha os pais a uma igreja qualquer.

Mas quando eu era criança meus pais só iam à missa duas vezes por ano, no Natal e na Sexta-Feira Santa, um comportamento que só muitos anos depois fui compreender. O mais interessante é que meus pais se consideravam católicos.

Papai, contudo, achava que não nos deveríamos interessar muito por problemas religiosos. E citava o que havia acontecido com meu tio Francisco. Ele se interessara tanto por problemas religiosos que havia se tornado ateu. E papai tinha medo de que algo desse tipo pudesse acontecer com ele, comigo ou com meus irmãos.

Esse medo de meu pai trazia-me grandes dúvidas. Eu não conseguia compreender como era possível associar a fé à falta de conhecimento. Se a religião não podia suportar o conhecimento, devia haver algo de errado com ela. A conclusão óbvia desse raciocínio é que as pessoas cultas não deveriam acreditar em Deus.

Eu tinha uns 10 anos quando me ensinaram o *catecismo*, para eu fazer minha primeira comunhão. Era uma série de conhecimentos bastante tolos, que tinham de ser decorados. Nenhuma palavra podia ser mudada. Parecia que era realmente necessário, para ser católico, ter conhecimentos apenas rudimentares.

Muitos anos depois vim a ter um bom contato com meu tio Francisco, que morava no Rio de Janeiro. Ele escreveu uma linda história sobre Jesus, que nunca foi publicada, e pintou uma Santa Ceia inspirada em seus estudos sobre como era a comemoração da Páscoa judaica no tempo de Jesus. Esse quadro ia ser exposto em uma galeria do Rio, mas foi proibido pelo cardeal, que o achou chocante. Meu tio também esculpiu uma máscara de Jesus, da qual possuo um desenho feito por ele, que mostra um homem com traços nitidamente judaicos, em vez dos tipos romanos criados por Leonardo da Vinci.

Não, ele não era ateu. Apenas não era católico, e era muito descrente de todas as "religiões organizadas". E acho que foi por causa dele que comecei a me interessar por estudar outras religiões.

* * *

As raízes do conhecimento humano são os nossos livros. É impossível relembrar tudo que li, mas alguns autores permaneceram na lembrança como tendo contribuído para minha maneira de olhar a religião.

Uma história que me impressionou intensamente foi *Horizonte perdido*, de James Hilton. Foi filmada duas vezes: o antigo filme, com Ronald Colman, realizado em 1937 e dirigido por Frank Capra, manteve um paralelismo com o livro; a segunda versão, de 1973, foi apenas uma total crueldade com o autor e com a história.

Mas nenhum dos dois filmes nos evoca a atmosfera de Shangri-lá, o paraíso localizado no Himalaia, da forma com que o faz o livro. Hilton não era um filósofo; a maior parte de sua atividade como escritor foi dedicada a roteiros de filmes. Mas, ao imaginar a história de Shangri-lá, ele estava incrivelmente inspirado. E, com sua idéia de misturar a cultura de um sacerdote católico, que havia se perdido no Himalaia, com a dos monges budistas que o socorreram e o trouxeram ao mosteiro, ele nos brindou com uma filosofia que é, para mim, a maior mensagem do livro: *todas as religiões são moderadamente verdadeiras*.

Lembro-me, também, de um livro autobiográfico de William Somerset Maugham, denominado *The summing up*. Maugham foi médico, antes de se tornar escritor, e fez estágios em hospitais em Londres. Ele nos conta que deixou de acreditar em Deus no dia em que viu uma criança pequena morrer de meningite. Ele não podia compreender como é que, existindo um Ser Superior que toma conta das pessoas, Ele poderia permitir tal quantidade de sofrimento em uma criaturinha tão indefesa.

Para ele, a única explicação possível seria a transmigração das almas, ou seja, aquele bebê estaria sendo castigado por algo que havia feito em outra encarnação. Mas, embora essa fosse uma explicação lógica, era algo em que ele não conseguia acreditar. E concluía que era ateu, embora, no fundo do coração, talvez fosse um pouco brâmane.

O tema da Índia voltou a se apresentar em seu livro *The*

razor's edge (*O fio da navalha*), em que o herói abandona o seu mundo para tornar-se eremita. O livro termina com sua viagem para a Índia, ao encontro da felicidade terrena.

Mas a felicidade terrena não está na Índia, ela está dentro de nós. É o que nos conta o *Baghavad Ghita*, o clássico do hinduísmo em que, provavelmente, se encontra a melhor descrição do Atman, a parcela divina que cada um de nós possui em seu interior.

Desde criança sempre me fascinou a história de Sidarta Gautama, um príncipe de uma região que corresponde hoje ao Nepal. Presume-se que ele tenha nascido por volta de 566 antes da Era Comum (a.E.C.)*, sendo, portanto, mais ou menos contemporâneo de Confúcio e bem anterior a Sócrates (469-399 a.E.C.).

Seu pai, Sudodana, era um rei poderoso, e Sidarta teve a infância e a adolescência tranqüilas e extravagantes, como cabe a um jovem príncipe. De acordo com o costume, aos 16 anos ele se casou com uma princesa de nome Yasodara.

Seu pai havia ordenado que ele levasse uma vida de total isolamento, mas um dia, acompanhado de seu fiel escudeiro, ele se aventurou no mundo exterior e deparou com três situações que lhe mostraram uma realidade totalmente diversa daquela que ele observava na corte de seu pai. No dia seguinte, aos 29 anos de idade, ele deixou seu reino e seu filho recém-nascido para levar uma vida ascética e encontrar uma forma de livrar a humanidade do sofrimento.

Durante seis anos Sidarta se submeteu a práticas rigorosamente ascéticas, estudando diferentes métodos de meditação com diversos mestres. Mas isso não o satisfez.

---

* É hábito na literatura judaica referir-se à Era Cristã como Era Comum. Por isso, preferi utilizar as expressões a.E.C. (antes da Era Comum) e E.C. (Era Comum) em vez de a.C. (antes de Cristo) e d.C. (depois de Cristo). (N. do A.)

Um dia uma menina lhe ofereceu um prato de arroz e ele o aceitou. Naquele momento ele percebeu que o asceticismo não era um meio adequado para libertar-se, e passou a encorajar as pessoas a seguir um caminho de equilíbrio, sem extremos. Ele o chamava *o caminho do meio*.

Naquela noite Sidarta se sentou sob a árvore Bodhi e meditou até o amanhecer. Purificou sua mente e atingiu a iluminação, passando a ser o Buda, o iluminado. Isso aconteceu quando ele tinha 35 anos, e ele passou o resto de sua longa vida ensinando outras pessoas a atingir a iluminação. Presume-se que ele tenha morrido no ano 486 a.E.C., com a idade de 80 anos.

Essa pitoresca história me fez interessar-me pelo budismo. Logo percebi que, como freqüentemente acontece com as religiões, houve cismas e dissidências entre seus discípulos, as quais deram origem a diversas correntes. O primeiro concílio budista ocorreu em 486 a.E.C., após a morte de Buda. Os princípios estabelecidos nesse concílio foram transmitidos oralmente ao longo de vários séculos.

Verifiquei, também, que havia muito pouco de religião no budismo primitivo. Alguns estudiosos acreditam que o vocabulário da língua falada pelo Buda era pobre e inadequado para divagações teológicas. A verdade é que ele dava conselhos (muito sábios) para evitar o sofrimento, mas não falava em Deus. Também nunca negou Sua existência. Alguns de seus seguidores imediatos eram teólogos e asseguravam que Buda também o era. O fato é que muitas das correntes modernas do budismo contêm princípios teológicos.

Existem grandes conflitos entre o budismo e o bramanismo? Aparentemente não. Como também não existem conflitos entre o xintoísmo e o budismo, que são as mais importantes religiões japonesas da atualidade.

De modo geral, todas as religiões que se originaram na Índia consideram que, de tempos em tempos, surge uma pessoa iluminada que traz mensagens importantes do Criador.

Mas essa não é a situação das religiões ocidentais. Na minha educação católica havia uma idéia muito rígida de que a religião católica era a única verdadeira e de que somente ela, com total exclusividade, poderia nos garantir uma recompensa no outro mundo. Esse conceito, atualmente rejeitado pelos teólogos de todas as religiões, continua sendo ensinado às crianças, talvez para justificar a necessidade de *converter* todas as pessoas que possuem religiões diferentes, para lhes dar a oportunidade de conseguir, também, a vida eterna. Mas eu achava que converter pessoas era algo muito difícil, pois as religiões às quais elas pertenciam também alegavam ser as únicas verdadeiras. E Deus não poderia encaminhar pessoas para o inferno só por terem nascido em lares onde se professavam outras religiões.

Outra coisa que também me incomodou muito foi a necessidade de morrer *sem pecados*. Se eu morresse logo após me confessar, iria para o céu. E se eu morresse algum tempo depois de minha última confissão? Nunca consegui compreender que o meu julgamento dependeria exclusivamente desse variável lapso de tempo e não de toda a minha vida.

Apesar disso, e apesar de admirar as religiões orientais, continuei me considerando católico, embora interpretando alguns dogmas de forma totalmente pessoal.

Ainda quando estudante de medicina, comecei a ler os livros de George Bernard Shaw. Para mim ele foi o grande expoente do *teatro de idéias*, o teatro utilizado para transmitir mensagens importantes para o progresso social. Esse teatro havia surgido pouco antes do seu tempo, com os autores escandinavos Ibsen e Strindberg.

Mas Shaw tinha muito mais coisas para dizer, muito mais idéias a transmitir. Publicou suas peças sempre acompanhadas de longos prefácios, que explicavam detalhadamente seus pontos de vista e os porquês de suas mensagens.

Quatro de suas peças são extremamente importantes do ponto de vista do estudo da religião. *Androcles and the lion*, a sua versão da lenda do escravo grego que o leão não quis comer na arena romana, nos oferece uma visão extremamente interessante dos primeiros cristãos. E seu prefácio inclui uma análise detalhada dos Evangelhos, em que ele nos apresenta uma imagem de Jesus como um revolucionário socialista em luta contra o poder romano. Para Shaw, Jesus, ao ser crucificado, passou a ser adorado como Deus e todos os seus ensinamentos foram totalmente deixados de lado. Ele dizia que a religião que passou para as gerações posteriores não foi o cristianismo, foi o "cruztianismo", a adoração do emblema da cruz e o total abandono das palavras de Jesus.

Nesse livro, Shaw também nos fala do salvacionismo, a doutrina da "salvação", ou seja, a preocupação única com a vida futura e a introdução de "truques e macetes", nem sempre muito honestos, para obtê-la.

Major Barbara, que o próprio Shaw descrevia como "uma fábula dos tempos modernos", é a história de uma militante do Exército da Salvação cujo pai era um milionário que fabricava armamentos. A peça trata de um problema sério de todas as religiões organizadas: a obtenção de recursos para sobreviver.

Bárbara recusa a doação de uma libra de um homem pobre, porque ele havia agredido uma de suas companheiras. Mas vê seus superiores aceitarem uma doação de seu pai, no valor de um milhão de libras. Para ela, uma libra, para um homem pobre, era um donativo muito mais generoso do que um milhão para seu pai. E, além disso, ela achava a idéia de receber uma doação de um fabricante de armas algo totalmente inaceitável. A general, contudo, tenta lhe explicar que esse dinheiro permitirá alimentar grande número de indigentes e que ela não pode recusá-lo. O mendigo cuja libra foi recusada diz a Bárbara que sua doação não foi aceita apenas por ele ser pobre. Sem argumentos para defender-se, Bárbara abandona o Exército da Salvação.

Andrew Undershaft, o pai da Bárbara, tinha uma filosofia muito especial. Ele, pessoalmente, se considerava um pacifista, mas existe, no mundo, grande demanda de armamentos. Se ele não os fabricasse, alguma outra pessoa o faria. Para ele, o maior dos problemas do mundo era a pobreza, com seus corolários, a desnutrição e a educação deficiente. E ele usava os grandes lucros de sua fábrica de armas para pagar muito bem seus operários e dar escolas excelentes aos filhos deles. Como ele explicou a Bárbara, o grande problema das organizações religiosas é que a maior parte de seus recursos advém de pessoas que não seguem religião alguma, que contribuem com doações apenas para apaziguar a consciência. É claro que existem muitas honrosas exceções a essa situação, mas infelizmente ela é bem freqüente.

Man and Superman, escrita em 1903, trata da evolução e da força vital. A peça conta a história de John Tanner, um descendente de Don Juan, que era um socialista dedicado. Shaw estava no auge de sua imaginação criadora e incluiu, além do longo prefácio, um apêndice, o *Manual de bolso do revolucionário*, de autoria de John Tanner. Argumentou ele que, tendo criado um personagem que havia escrito um livro, tinha de oferecer esse livro (também) a seus leitores.

A peça contém um interlúdio, a *cena do inferno*, que é um sonho dos personagens quando passam uma noite em um acampamento, nas montanhas da Espanha.

É um diálogo entre quatro personagens: Don Juan, o Diabo, Doña Ana de Balboa, a "namorada" de Don Juan, e seu pai, o Comandante, que havia sido morto por Don Juan em um duelo, quando tentava defender a honra da filha. Local: o inferno. Ocasião: o dia da morte de Doña Ana, que chega ao inferno acreditando que estava indo para o céu. O Comandante, que estava no céu, desce ao inferno para comunicar ao Diabo sua importante decisão de mudar-se, pois não suportava mais a monotonia do lugar. Já Don Juan detestava o inferno e queria mudar-se para o céu. Os quatro dialogam ativamente, sendo particularmente eloqüentes as discussões entre Don Juan e o Diabo. E Don Juan nos apresenta uma magnífica explanação filosófica e biológica sobre a vida.

Em virtude de a peça ser muito extensa, ao longo do tempo surgiu o hábito de suprimir a *cena do inferno*, a fim de que os espectadores pudessem chegar mais cedo em casa.

Em compensação, a *cena do inferno* virou, ela mesma, uma peça. Foi apresentada na Broadway por atores fantásticos: Charles Laughton, como o Diabo, Charles Boyer, como Don Juan, *Sir* Cedric Hardwick, como o Comandante, e Agnes Morehead, como Doña Ana. Não havia cenário, somente os quatro, vestidos a rigor, lendo seus papéis. O texto é tão forte que prescinde de enfeites. A direção foi de Charles Laughton. Não tive a oportunidade de assistir a esse espetáculo, mas tenho a gravação feita por eles, que é maravilhosa.

Ainda no tema da força vital, Shaw escreveu mais uma peça teatral, *Back to Methuselah*. Ela nos conta a história de dois cientistas empenhados em prolongar a vida humana para 300 ou 400 anos. Para eles, a vida curta impede as pessoas de olhar a vida com seriedade. Se vivêssemos mais tempo, teríamos absoluta necessidade de crescer espiritualmente e o mundo seria muito melhor.

A peça é apresentada como um moderno Pentateuco, abordando a criação do mundo, o presente e a projeção do futuro.

Ainda na série de livros que foram, para mim, extremamente importantes, figuram algumas obras de Aldous Huxley e de seu irmão, Julian Huxley. Aldous era um filósofo de grande erudição, Julian era um cientista com excelentes textos sobre a evolução.

Admirável mundo novo foi uma obra de grande impacto, que o próprio Aldous rediscutiu, anos depois (*A volta ao admi-*

rável mundo novo), completando sua concepção filosófica do mundo ideal em *A ilha*. Mas, para mim, foi muito importante ler *The devils of Loudan*, magnífica reconstituição histórica de estranhos acontecimentos em um convento do sul da França na época de Richelieu, que nos dá enormes subsídios para compreender a estrutura da Igreja católica daquele tempo. E foi interessante, também, ler *After many a summer dies the swan*, livro escrito quando ele já morava na Califórnia, que conta a história de um milionário que não queria morrer e, por isso, contrata um grupo de cientistas para descobrir uma maneira de lhe garantir a imortalidade.

Em um dos meus livros de química médica havia a citação de uma frase de Aldous Huxley, extraída de seu livro *Time must have a stop*, que merece ser reproduzida:

> A diferença entre uma pedra e um átomo é que o átomo é altamente organizado, e a pedra não. O átomo possui uma ordem interna, assim como a molécula, e também o cristal; mas a pedra, embora feita de átomos e moléculas e cristais, é apenas uma confusão. Somente quando existe Vida é que vemos a organização em larga escala. A Vida utiliza os átomos, as moléculas e os cristais, mas, ao invés de desorganizá-los, como a pedra, os integra em uma ordem interna própria, nova e altamente elaborada.

Talvez seja um tanto curioso o fato de que até este momento não mencionei nenhuma vez a Bíblia. Um pouco pelo fato de que ela não fazia parte da educação católica do meu tempo de criança e adolescente. Tive aulas de "religião" no meu curso ginasial, mas eram apenas repetições do "catecismo". E o mesmo curso era oferecido todos os anos, sem nunca mudar nada. O que eu ouvia dizer, naquela ocasião, é que somente os protestantes liam a Bíblia. É óbvio que, com o papa João XXIII, houve grande revolução na Igreja católica, que se tornou muito mais humana e empreendeu a séria tarefa de repensar seus erros.

Mas os livros que mencionei demonstram que minha preocupação não era com as doutrinas religiosas, era saber se Deus existia ou se Ele era apenas um conceito prestes a ser totalmente eliminado pelo progresso da ciência.

Sempre persistiu, contudo, a idéia do Princípio Criador. O mundo, quer do ponto de vista físico, quer do ponto de vista biológico, é perfeito demais para ter surgido do acaso. Os conflitos aparecem, realmente, quando procuramos saber o papel de Deus na vida humana, que é o papel mais significativo das religiões.

Antes de falarmos de Deus, contudo, falaremos da criação do mundo e dos seres humanos.

CAPÍTULO II
GÊNESIS

> *Before Lord God made the sea and the land,*
> *He held all the stars in the palm of His hand,*
> *And they ran through his fingers like grains of sand*
> *Till one little star fell alone.*

Assim começa a letra da canção *Lost in the stars*, escrita por Maxwell Anderson e Kurt Weill. Ela nos descreve, de forma singela, a criação do mundo, totalmente compatível com a que está descrita na Bíblia e também com o *Big Bang* das descobertas científicas. Antigamente as coisas eram muito simples. O Universo era muito pequeno, tanto quando se pensava em espaço como em tempo. A Terra era o centro do Universo, um disco flutuando sobre a água, coberto por uma abóbada celeste, na qual estavam penduradas as estrelas, o Sol e a Lua, como "lâmpadas" destinadas a assinalar as estações, os dias e as noites. O mundo fora criado em seis dias, cerca de dois mil anos antes de o povo judeu receber a Torá, ou seja, os cinco primeiros livros da Bíblia, também conhecidos como Pentateuco. E provavelmente terminaria logo, após um número limitado de gerações: o céu se dobraria e o Sol e as estrelas cairiam sobre a Terra, destruindo o Universo.

O primeiro capítulo da Bíblia nos conta como Deus criou os céus e a terra, as águas, a luz, as plantas, os animais e, por último, os seres humanos, criados à sua imagem. "Criou, pois, Deus, o homem à sua imagem; à imagem de Deus o criou; homem e mulher os criou. Então Deus os abençoou e lhes disse: Frutificai e multiplicai-vos [...]" (Gênesis 1, 27-28)*.

Logo depois a narrativa é interrompida para apresentar a história de Adão e Eva, que introduz alguns conceitos estranhos.

Deus criou o mundo em seis dias, descansando no sétimo. A palavra *descansar* implica um merecido repouso, após um árduo período de trabalho. No entanto, a história de Adão e Eva nos conta que o trabalho foi um castigo imposto por Deus a Adão, Eva e seus descendentes, ao serem expulsos do Jardim do Éden.

Além disso, sendo um Ser completo e onisciente, Deus teria de saber que Adão e Eva comeriam o fruto proibido. A oração criada por Jesus, o Pai-Nosso, nos faz pedir para não ter tentações. Aliás, a tradução da oração para o português está incorreta. O texto verdadeiro não é "não nos deixeis cair em tentação". O texto em latim diz "*et ne nos inducas in temptationem*", em inglês é "*lead us not into temptation*". Pedimos a Deus para que as tentações não surjam em nossa vida, pois sabemos que é muito difícil lidar com elas.

Levando em conta esses aspectos, e também a nítida e súbita mudança na narrativa, creio que a história de Adão e Eva é uma fábula, interposta por algum motivo que já não conhece-

---

* As citações bíblicas deste livro foram traduzidas do *Tanach* publicado em 1917 pela Jewish Publication Society e reproduzida na *Revista do CD-ROM*, ano 7, n.º 84, julho de 2002 (Editora Europa). (N. do A.)

mos. Existem outras lendas sobre a criação dos seres humanos que não estão na Bíblia mas fazem parte da tradição judaica. Antes de Eva existiu Lilith, que, por ter sido criada do barro, da mesma forma que Adão, insistia em ser tratada como igual. Adão se queixou dela a Deus e Lilith fugiu do Jardim do Éden, refugiando-se no Mar dos Juncos. Deus enviou três anjos para tentar convencê-la a voltar, mas ela se recusou, por ser Adão incapaz de amá-la como ela era. Vemos, assim, que a lenda de Eva pode ter sido escolhida para fazer prevalecer a idéia da superioridade masculina, uma idéia tão importante para os homens, ao longo dos séculos, que até hoje alguns tentam, inutilmente, preservá-la. A lenda de Lilith, por sua vez, nos mostra que a idéia da igualdade feminina já existia nos tempos primordiais.

Nós hoje sabemos que a Terra é um pequeno planeta de um sistema solar situado em uma das extremidades de uma galáxia de estrelas, em um Universo que tem milhões de galáxias. Na verdade, esse Universo não possui nenhum centro, ele se espraia como a superfície de um balão em expansão. O planeta Terra existe há bilhões de anos e provavelmente continuará a existir por mais cinco ou mais bilhões, quando o Sol se tornará uma imensa bola de fogo, queimando todas as formas de vida da Terra antes de se tornar uma estrela cadente.

Também sabemos que os seres humanos evoluíram a partir de formas de vida mais simples e existem há aproximadamente dois milhões de anos, constituindo culturas relativamente avançadas há cerca de 10 mil anos. O planeta Terra poderá deixar de existir, no caso de alguma catástrofe cósmica. Mas, ainda que isso aconteça, não será o fim do Universo, que continuará existindo por vários bilhões de anos.

A visão do Universo e da criação do homem na Bíblia nos parece muito diferente da que a moderna ciência nos oferece.

No que diz respeito à criação do mundo, não existem, realmente, grandes conflitos. A Bíblia não nos diz se os seis dias da criação foram realmente dias ou bilhões de anos. Quanto à criação do homem, tudo vai bem até surgir a história de Adão e Eva, que é, obviamente, incompatível com a evolução.

E isso nos leva a uma simples pergunta: o que é a Bíblia? Para mim, a melhor descrição é a do psicanalista norte-americano Peter Pitzele:

> Não se trata da imaginação de um único artista, mas de inúmeros homens e mulheres: contadores de histórias, guardiães de leis, poetas, ritualistas, cantores, sonhadores, historiadores, liturgistas, profetas e visionários, cujos legados foram preservados pela comunicação boca-a-boca, em pedras, em pergaminhos, em papel, em lendas e em canções, até o momento de surgir uma antologia, um registro permanente. Jamais saberemos por que e por quem essa antologia foi compilada. Mas, indubitavelmente, uma grande crônica foi composta com base em histórias míticas, e foi realizada de forma tão esplêndida que muitas pessoas disseram que foi escrita com fogo.

Como nos diz o rabino Rami Shapiro:

> Reconhecemos na Torá tanto as verdades eternas como as marcas do tempo. Temos que reafirmar as primeiras e deixar de lado as outras. Estudamos a Torá para obter sabedoria espiritual e compreensão ética, e não fatos científicos ou costumes sociais.

Ou, como disse Galileu em seu julgamento, "a Bíblia nos ensina como ir para o céu, não como o céu funciona".

Hoje sabemos que a evolução é um fenômeno cientificamente demonstrado. Tanto assim que todas as religiões a aceitam, com exceção do judaísmo ortodoxo e do protestantismo fundamentalista. Esses continuam a interpretar a Bíblia literalmente, como sendo a palavra de Deus.

Mas mesmo os teólogos judeus ortodoxos admitem que a imagem de Deus na Bíblia é antropomórfica. Eles justificam o antropomorfismo como sendo essencial à compreensão do texto pelos homens. É mais fácil acreditar que esse era o limite conceitual das pessoas que criaram a Bíblia.

O fato é que a leitura dos primeiros livros nos mostra um Deus feito à imagem do homem, embora saibamos que foi Ele quem nos criou à sua imagem. E às vezes essas características humanas nos parecem muito injustas.

Sabemos que Caim matou seu irmão, Abel, e foi, por isso, duramente castigado. Mas foi Deus quem estimulou a inveja de Caim, ao manifestar total desinteresse pelas plantas que este lhe ofertou. Ao passo que as carnes oferecidas por Abel foram recebidas com imensos elogios.

O mesmo se pode dizer do Dilúvio. Que imenso castigo Deus infligiu à humanidade, porque esta seguia rumos errados! Como Criador, ele deveria saber que, ao dar livre-arbítrio às suas criaturas, elas poderiam seguir caminhos totalmente diversos. E, além disso, o castigo foi de todo inútil, pois a humanidade continuou exatamente igual.

Nós hoje sabemos que o Dilúvio realmente existiu e foi uma catástrofe natural que atingiu a Mesopotâmia. E Noé não era judeu, era um príncipe da Babilônia. A história foi reescrita com o objetivo de criar um ensinamento moral. Muito provavelmente, várias das histórias da Bíblia devem ter surgido dessa maneira.

Tomemos, por exemplo, a história do profeta Jonas. Deixaremos de lado a circunstância de ele ter sido engolido por um peixe que nunca existiu. O que nos importa é sua justificativa, apresentada a Deus, para tentar fugir de sua missão, aliada a seu descontentamento por Deus ter perdoado os habitantes de Nínive:

Foi por isso que tentei fugir para Társis. Eu sei que o Senhor é um Deus clemente e misericordioso, lento em irar-se e grande em bondade, e que se abstém de punições.

Onde encontrou Jonas essas palavras? Certamente ele as obteve do Livro do Êxodo, quando Deus se revelou a Moisés. Mas ele omite a parte final, que conta que Deus "castiga a iniquidade dos pais e dos filhos, e dos filhos dos filhos, até a terceira e quarta gerações". Jonas cita a palavra de Deus, mas a modifica! Ao chegar à parte que diz que o arrependimento é impossível, ele afirma exatamente o oposto! E, mais surpreendente ainda, Deus confirma totalmente a opinião de Jonas, Ele realmente se abstém de punir.

Será que Deus mudou, do tempo do Êxodo até o tempo dos Profetas? Não, certamente não foi Deus quem mudou. O que mudou foi a percepção de Deus por parte de nossos ancestrais.

Essa e tantas outras incongruências no texto da Bíblia mostram que ela foi sendo escrita aos poucos, em épocas diferentes. Inclusive nos acostumamos com determinadas imagens que não podem corresponder à realidade do seu tempo. Vemos, por exemplo, imagens das tábuas da lei, com caracteres hebraicos. Mas o alfabeto hebraico só foi inventado muito tempo depois. Nem mesmo existiam alfabetos fonéticos de qualquer tipo. Será que os mandamentos foram escritos em hieróglifos egípcios?

A Bíblia só foi escrita ao redor do ano 600 a.E.C., tendo sido, até então, transmitida oralmente. Por isso, usar a Bíblia como prova de que a evolução não ocorreu, ou de que o Sol gira em torno da Terra, são idéias que temos de deixar de lado como totalmente ultrapassadas.

Mas a Bíblia nos diz que a criação do Homem foi o objetivo fundamental da Criação. Para muitos, a visão científica elimina a importância da vida humana.

O Universo se originou há cerca de 15 bilhões de anos em um estado de gravidade e energia totalmente comprimidos, explodindo em grandes esferas de espaço-tempo. Ao resfriar-se, surgiram as forças básicas, a do eletromagnetismo, da gravidade, e as forças nucleares forte e fraca. As partículas elementares começaram a unir-se para formar átomos simples, como o hidrogênio e o hélio, que originaram nuvens de gás que gradativamente se condensaram, resultando em galáxias, estrelas e planetas. As estrelas cresceram e se destruíram, criando, com sua morte, substâncias mais complexas, como o carbono. Em um estágio mais adiante, os sistemas planetários foram semeados de átomos de carbono.

Mais tarde, na superfície deste planeta (e talvez também em outros), as estruturas moleculares altamente complexas do RNA e do DNA deram origem a formas capazes de autoduplicação que denominamos vida. E esta evoluiu, criando estruturas cada vez mais complexas, capazes de adquirir consciência. É interessante levar em conta a concepção do padre jesuíta Pierre Teillard de Chardin sobre a evolução biológica. Chardin era um antropólogo, considerado um grande cientista. Seu livro *Le phénomene humain* foi a cristalização de todo o seu trabalho, mostrando que o corpo e a alma evoluíram juntos, adquirindo complexidade cada vez maior.

Se o desejo do Criador era o de produzir seres conscientes que pudessem compartilhar com Ele a apreciação do Universo e estabelecer com Ele um relacionamento, é perfeitamente possível que o objetivo do processo cósmico tenha sido o de criar esses seres. Pode ser que existam muitos outros seres vivos conscientes no Universo, mas não temos informação sobre sua existência.

Mas a física nos demonstra que as leis fundamentais e suas constantes necessitaram de imensos ajustes para explicar o desenvolvimento das estruturas complexas do Universo. Em outras palavras, para desenvolver sistemas nervosos centrais e cérebros tão complexos era imprescindível contarmos com um Universo com uma extensão de 15 bilhões de anos-luz e um tempo de evolução de 15 bilhões de anos. Se o objetivo de Deus era o de criar seres humanos, o Universo em que vivemos precisava ser criado exatamente da forma como o foi, com essas dimensões e com esse tempo de existência.

CAPÍTULO III
DEUS

Vejamos a seqüência da canção *Lost in the stars*:

Then the Lord God hunted through the wide night air
For the little dark star in the wind down there,
And He stated and promised He'd take special care
So it wouldn't get lost no more.
Now a man won't mind if the stars grow dim,
If the clouds blow over and darken him,
So long as the Lord God's watching over him,
Keeping track how it all goes on,
But I've been walking through the night and the day
Till my eyes got weary and my head turned gray,
And sometimes it seems maybe God's gone away,

Forgetting the promise that I heard him say,
And we're lost out here in the stars,
Little stars, big stars,
Glowing through the night,
And we're lost out here in the stars.

Os poetas, muitas vezes, têm a extraordinária capacidade de sintetizar todos os problemas em poucas estrofes. Após criar o Universo, segundo as revelações que fazem parte de todas as religiões, Deus nos fez algumas promessas. Mas muitas vezes nos sentimos perdidos e temos a sensação de que Ele deixou de cumprir tais promessas e nos abandonou.

Como surgiram as religiões?

Certamente a vida era difícil para os homens primitivos. O desenvolvimento do sistema nervoso central daquela tribo de primatas se deu à custa da ingestão de grandes quantidades de proteína animal, o que fez que a caça se tornasse o principal meio de sustento. E a caça, em um meio agreste, como o da África primitiva, era sempre perigosa. E havia muitos inimigos, além de existir grande possibilidade de acidentes.

Para um ser recentemente dotado de uma capacidade aprimorada (embora ainda limitada) de conscientizar o ambiente, certamente deveriam existir muitos mistérios. Nada mais natural que os primeiros deuses fossem o Sol, que deve ter sido instintivamente percebido como a fonte da vida, assim como a Lua, as estrelas e muitos fenômenos naturais difíceis de compreender, como raios, trovões, chuva. Deuses antropomórficos começaram a representar ou ser responsabilizados por esses fenômenos, que logo passaram a incluir a fertilidade do solo e a reprodução de todos os seres vivos. O antropomorfismo criou deuses à imagem do homem, ou de animais (ou, às vezes, misturas de homens e animais) com características humanas, alguns bons, alguns maus. Certos deuses eram muito cruéis e a eles eram atribuídos os malefícios causados às pessoas, como doenças, acidentes, mortes súbitas ou por velhice. Era muito simples atribuir aos deuses todas as coisas boas ou más que aconteciam.

A morte era um fenômeno difícil de explicar e deu origem a múltiplas manifestações de caráter religioso. Mesmo civilizações muito primitivas expressaram sua crença em alguma outra vida, enterrando, conjuntamente com os cadáveres, alimentos e objetos que pudessem se tornar necessários.

Aos poucos foram surgindo ritos e festivais. As estações do ano devem ter representado um interessante mistério para os homens primitivos, que logo se deram conta de que muitas coisas se relacionavam com elas. Havia, por exemplo, ocasiões propícias para plantar, assim como para colher. Surgiram ritos para celebrar a fecundidade do solo e as colheitas, para pedir chuvas. Os homens primitivos notaram que, em algumas épocas do ano, os dias iam ficando cada vez mais longos e, em outras, cada vez mais curtos. Muitas antigas civilizações aprenderam a identificar os solstícios de inverno e de verão.

Os ritos do solstício de inverno provavelmente se originaram na Escandinávia pré-histórica. Ao ver que os dias estavam cada vez mais curtos, os homens começaram a acender fogueiras e a rezar para que o sol não desaparecesse de todo. E logo essas fogueiras se tornaram uma tradição a ser repetida todos os anos.

A primavera parecia uma estação milagrosa, na qual, após um período de frio intenso e árvores desprovidas de folhas, voltava a cor verde em toda a sua intensidade, e surgiam as flores. Eram realizados ritos de sagração da primavera, em que se comemoravam, fundamentalmente, a fertilidade do solo e a própria fertilidade humana.

O politeísmo foi a norma geral de todas as religiões primitivas. Com o tempo surgiram grupos humanos que adotaram um deus para sua proteção. Assim, por exemplo, na Grécia antiga, havia adoradores de Apolo, de Palas Atena, de Dionísio, de Ártemis etc. Não se cogitava achar que os outros deuses eram inexistentes, apenas que cada pessoa se achava no direito de escolher um deus como "padrinho", sem negar a existência das outras divindades.

Sabemos, hoje, que o deus de Abraão, Javé, era o deus de um clã. O monoteísmo ainda não havia sido inventado. O pequeno povo que, mais tarde, daria origem à Bíblia escolheu um deus para si mesmo, sem tentar eliminar os outros deuses. Ao longo do tempo, também, surgiu o conceito de deuses mais importantes do que outros, como Zeus, que se tornou a mais poderosa das divindades gregas.

Os teólogos e historiadores são unânimes em afirmar que todas as religiões modernas são evoluções das religiões primitivas, nenhuma delas surgindo como fenômeno isolado. Da mesma forma que religiões, as festas religiosas, muitas vezes, também foram evoluções de outras festas ou ritos mais primitivos.

A festa judaica de Chanucá, também conhecida como *a festa das luzes*, se originou da festa do solstício de inverno. E quando a Igreja católica, no século IV da Era Comum, decidiu fixar uma data para comemorar o nascimento de Jesus, optou pelo dia 25 de dezembro por dois motivos principais: por ser muito próximo do solstício de inverno e por ser o aniversário do deus Mitra, que os soldados romanos haviam trazido da Pérsia e levaram para toda a Europa. O mitraísmo era uma religião que, à semelhança do cristianismo, pregava a bondade e o amor ao próximo; no entanto, não era monoteísta. O ato de estabelecer uma festa no aniversário de Mitra foi uma forma de atrair seus adoradores para o cristianismo. A alusão ao solstício de inverno é bem clara: para o cristianismo, Jesus é a luz do mundo. Mas, ao longo do tempo, a festa de seu nascimento incorporou outras luzes, provindas dos antigos ritos do solstício de inverno: as lindas luzes da árvore de Natal.

O judaísmo também se apropriou do rito da sagração da primavera e o transformou na comemoração da saída do Egito, após a escravidão. O Pêssach, ou Páscoa judaica, é a festa da liberdade, uma festa que não é comemorada nas sinagogas, e sim nos lares judaicos. A Páscoa judaica, por sua vez, deu origem à Páscoa cristã. Na verdade, a última ceia de Jesus com seus discípulos, após a qual ele foi preso e levado à presença de Pôncio Pilatos, foi uma comemoração da Páscoa judaica.

Gradativamente o politeísmo foi sendo substituído pelo monoteísmo, que surgiu no Egito, durante o reinado do faraó Amenotep IV, também conhecido como Akhenaton, que escolheu o sol para ser o deus único. O faraó Amenotep IV viveu aproximadamente de 1364 a 1347 a.E.C., tendo sido assassinado em conseqüência de seus conceitos religiosos.

Depois veio Zaratustra, que estabeleceu, na Pérsia, um monoteísmo muito mais filosófico, com uma compreensão geral de nosso mundo. Sua filosofia, estabelecida aproximadamente 800 anos antes da era comum, foi consideravelmente deturpada ao longo dos anos, dando origem a uma estrutura dualista de permanente antagonismo entre o bem e o mal. Esse dualismo, que se popularizou enormemente tanto na Pérsia como na Babilônia, mais tarde veio a influenciar intensamente o cristianismo.

Do ponto de vista histórico, o verdadeiro monoteísmo judaico surgiu no século VIII a.E.C., com os profetas, particularmente na segunda parte do livro de Isaías.

O teólogo Abraham Joshua Heschel, um dos mais importantes filósofos judeus do século XX, dizia que "a Bíblia é um *midrash*", ou seja, uma história interpretativa. "É o registro da busca de seres humanos por Deus e da busca de Deus pelos seres humanos. O pecado capital ao ler a Bíblia é interpretá-la literalmente."

A Bíblia nos dá a idéia de que o monoteísmo judaico surgiu com a criação do mundo. Ela nos menciona a questão da idolatria, bem descrita no episódio do bezerro de ouro, mas a trata como um problema totalmente solucionado pelos judeus, algo que historicamente não ocorreu. Durante séculos persistiu, entre os judeus, o culto a outros deuses.

Mas o fato é que o monoteísmo universalista proposto pelo povo judeu constituiu a base das religiões modernas. Dele se originaram o cristianismo e o islamismo.

Assim nos conta o historiador católico Paul Johnson:

> Na sua *História do povo judeu*, Josefo descreveu Abraão como "um homem de grande sagacidade", que possuía "maior grau de virtude do que os outros de seu tempo". E, por esta razão, de forma muito determinada, ele modificou totalmente a visão que as pessoas tinham de Deus. Que teria acontecido à raça humana se Abraão não tivesse sido um homem de grande sagacidade, ou se nunca tivesse saído de Ur, ou tivesse guardado as suas idéias para si mesmo, e não tivesse dado origem ao povo judeu? Certamente o mundo, sem os judeus, seria totalmente diverso. A Humanidade poderia, aos poucos, ter descoberto alguns dos *insights* judaicos. Mas não podemos ter certeza.
>
> Todas as grandes descobertas conceituais parecem óbvias depois de serem reveladas, mas precisamos de um gênio para formulá-las pela primeira vez. Os judeus tinham este dom. Devemos a eles as idéias da igualdade diante da lei, quer humana, quer divina; da santidade da vida e da dignidade do indivíduo; da consciência individual e da redenção pessoal; da consciência coletiva e da responsabilidade social; da paz, como ideal abstrato, e do amor, como fundamento da justiça; e muitos outros itens que constituem a base moral da mente humana. Os judeus nos ensinaram a racionalizar o desconhecido. O resultado foi o monoteísmo e as três grandes religiões que o professam. É muito difícil imaginar como seria o mundo se essas religiões nunca tivessem surgido.

Na verdade, os profetas judaicos desempenharam uma função extremamente especial: a de divulgar o nome de Deus e as Suas leis éticas, que se tornaram conhecidas por todo o mundo. Hoje existem bilhões de pessoas para as quais a Bíblia é um livro sagrado. Isso não teria acontecido sem a participação ativa dos patriarcas do povo de Israel. Sem eles, Deus seria desconhecido da humanidade, sua existência não teria influenciado a civilização, tudo teria acontecido como se Ele não existisse.

Mas quem é Deus? Quais são seus atributos?

George Bernard Shaw nos fala, em seu conto *As aventuras de uma negrinha em busca de Deus*, da menina africana que estava sendo convertida por uma missionária protestante e resolveu procurar Deus. E, como a missionária lhe disse que Deus estava em toda parte, ela resolveu procurá-lO no lugar que, para ela, era o mais lógico: a selva. Tomou a sua Bíblia e saiu caminhando pela floresta.

Ela começou a encontrar vários velhos com longas barbas e, após dialogar com eles, concluiu que nenhum deles era o Deus que estava procurando. E, cada vez que isso acontecia, algumas páginas da Bíblia desapareciam.

Não há dúvida de que a descrição de Deus vai mudando ao longo da Bíblia. No início Ele era extremamente cruel e punia as pessoas de forma violenta, por motivos difíceis de compreender. Mesmo Moisés, uma das figuras mais importantes da Bíblia, é impedido de chegar à Terra Prometida em virtude de uma desobediência que consideraríamos tola.

Mas esse Deus também está muito próximo de Seu povo e o protege. Na história do Êxodo, Ele intervém diretamente para retirar o povo judeu do Egito, do jugo do faraó.

Recordo-me de um dia em que fazia um curso, na sinagoga, sobre o Êxodo. Junto a mim estava um sobrevivente do Holocausto, que comentou: "Antigamente Deus estava mais próximo de nós. Agora Ele nos abandonou..."

Sei que muitos judeus deixaram de acreditar em Deus após o Holocausto. Sucedeu com eles o mesmo que aconteceu com Somerset Maugham, quando viu a criança morrer de meningite. É fácil compreender que, na época bíblica, todas as coisas eram diretamente atribuídas a Deus. As doenças eram castigos divinos, assim como as derrotas nas batalhas e nas guerras. As pessoas haviam deixado de fazer algo que Deus lhes ordenara e por isso estavam sendo castigadas. Na Bíblia, o Levítico é o livro que explicita, de forma detalhada e exaustiva, as leis que Deus exigia de cada um de nós para uma vida satisfatória. E todos achavam que o não cumprimento dessas regras era a causa de todos os males.

Havia também a crença de que as orações eram atendidas, desde que se rezasse fervorosa e intensamente. Quando a graça solicitada não era atendida a fé havia sido insuficiente, ou não se havia rezado o bastante. Os chineses criaram uma *máquina de rezar*, um engenhoso conjunto de engrenagens que fazia que um pequeno percurso de uma manivela desse origem a centenas de "orações". Eles acreditavam que essa seria uma forma mais eficiente de rezar, com maior probabilidade de alcançar a gratificação de um desejo.

Os arqueólogos têm dúvidas muito sérias a respeito do Êxodo. Provavelmente ele nunca ocorreu ou, pelo menos, foi bem diferente da narrativa bíblica. Mais adiante analisaremos a concepção atual que temos desse acontecimento. De qualquer forma, podemos ter a certeza de que Deus não estava mais perto de Moisés do que está de cada um de nós. E, quando temos doenças, sabemos que as adquirimos em virtude de alguma labilidade de nosso organismo ou de contágio com outras pessoas doentes. Ignoramos a origem de muitas afecções, mas temos a certeza de que não são um castigo imposto por Deus. O mesmo podemos dizer da circunstância de grandes sofrimentos ou de acidentes, que podem suceder aleatoriamente a todos os seres, não importando seus princípios ou sua religião.

Será, então, que Deus é apenas um Princípio Criador, e que o mundo caminha ao acaso, sem a Sua presença? Como diria Buda, precisamos encontrar o *caminho do meio*. "De acordo com a Cabala", conta-nos a dra. Rachel Naomi Remen,

[...] em algum momento, no início de tudo, o Criador dividiu-se em incontáveis centelhas que se espalharam por todo o universo. Há uma centelha de Deus em cada ser e cada objeto, como uma diáspora de bondade. A presença imanente de Deus no mundo e em nós é encontrada diariamente nas formas mais simples, despretensiosas e comuns.

Essa concepção não se limita à Cabala. Como diz Aldous Huxley na introdução que escreveu para uma das edições do *Bhagavad Gita*:

[...] mais de vinte e cinco séculos se passaram desde que começou a ser escrita a *Filosofia Perene*. Ao longo desses séculos ela se expressou, às vezes de forma parcial, às vezes de forma completa, de diferentes maneiras. Nas profecias vedas e hebraicas, no Tao Te King e nos diálogos de Platão, no Evangelho segundo São João e na teologia Mahaiana, em Plotino e na Areopagita, entre os sufis persas e os místicos cristãos da Idade Média e do Renascimento. A Filosofia Perene falou quase todas as línguas da Ásia e da Europa e se utilizou de termos e tradições de todas as grandes religiões. Por trás da confusão de línguas e mitos, de histórias locais e doutrinas restritas, existe um Fator Comum mais alto. Esse Fator não pode ser expresso por expressões verbais. Somente no ato da contemplação, no qual as palavras e as personalidades se transcendem, é que o estado puro da Filosofia Perene pode ser conhecido. Os apontamentos deixados por todos aqueles que a conheceram demonstram de forma inequívoca que todos eles, independentemente de serem hindus, budistas, judeus, taoístas, cristãos ou muçulmanos, estavam tentando descrever o mesmo Fato indescritível.

Temos uma partícula de Deus dentro de nós. Não importa se é chamada de Atman ou de Espírito Santo, ou por qualquer outro nome. Temos de aprender a reconhecê-lO.

É por isso que a busca de Deus é tão difícil. Procuramos alguma coisa fora de nós e não a encontramos. Buscamos algo que já possuímos.

Há muitos fenômenos em nossa vida que não podemos compreender. Talvez sejam manifestações de Deus. É bem possível que Ele nos ajude, pessoalmente, em muitas circunstâncias, mas não temos o direito de exigir nada dEle. Afinal de contas, Ele tem todo um Universo em Suas mãos.

CAPÍTULO IV
TEMPLOS

Ao mesmo tempo que surgiram os deuses, desenvolveu-se o conceito de que poderíamos pedir a eles coisas que eram importantes para nossa vida. A idéia de *orar* ou *rezar* deve ligar-se aos princípios religiosos mais antigos.

É lógico que algumas orações são atendidas e outras não. Conversamos sobre isso ao descrever a máquina chinesa de rezar. Como poderemos saber se nossa oração contém a quantidade suficiente de fé? Como podemos medir a intensidade do fervor com que pedimos alguma coisa? As variáveis são tão grandes que dificilmente poderemos encontrar fatores nítidos que diferenciem as preces atendidas das não atendidas.

Não é difícil imaginar que alguns locais foram relacionados com uma maior probabilidade de receber dádivas dos deuses. E logo esses lugares, que pareciam ter algo sagrado, deram origem à construção dos primeiros templos — não só permitiam que se rezasse em um local privilegiado como também criavam a oportunidade de várias pessoas rezarem juntas, pedindo proteção divina para todos, quer individualmente, quer em grupo.

Daí a surgirem os administradores dos templos, sacerdotes e sacerdotisas, foi um passo relativamente simples.

Hoje sabemos que algumas das regiões onde foram construídos templos tinham características realmente especiais. Em Delfos, no local onde foi construído o Oráculo de Apolo, por exemplo, havia emanações gasosas que faziam a sacerdotisa do templo, a pitonisa, entrar em uma fase pré-anestésica. O fato de a pitonisa não se lembrar, depois, das palavras que havia dito era interpretado como um contato direto dela com Apolo.

Surgiu, também, o conceito de que, se construíssemos um templo muito bonito, os respectivos deuses sentir-se-iam lisonjeados. Daí a existência, ao longo da história da humanidade, de templos maravilhosos, muitos deles obras-primas arquitetônicas.

A Bíblia nos conta que o primeiro templo judaico, curiosamente, foi um templo móvel, cujas características foram cuidadosamente transmitidas por Deus a Moisés: "E me farão um santuário, para que eu habite no meio deles. Conforme a tudo que eu te mostrar para modelo do tabernáculo" (Êxodo 25, 8-9).

A mobilidade era absolutamente necessária, pois isso aconteceu quando o povo judeu se encontrava no deserto, a caminho da Terra Prometida. Não era uma tarefa fácil transportar o santuário, era algo que exigia a participação de muitas pessoas.

Surgiram, também, os sacerdotes do santuário. No início, somente Aarão, o irmão de Moisés, depois os membros das famílias Cohen e Levi.

Aparentemente esse santuário continuou a ser utilizado quando os judeus chegaram à Terra Prometida. A era do Êxodo se estendeu de 1275 a 1250 a.E.C. e a conquista de Canaã se deu entre 1250 e 1200 a.E.C. Foi o rei Davi quem unificou as doze tribos e conquistou Jerusalém, tornando-a a capital do reino. O reinado de Davi se estendeu de 1010 a 961 a.E.C. O Templo de Jerusalém foi construído durante o reinado de Salomão (de 961 a 922 a.E.C.) e sua inauguração ocorreu em 955 a.E.C. Foi quando o povo judeu realmente passou a possuir um Templo, que centralizava todas as atividades religiosas. Aí eram comemoradas as festas e realizados os sacrifícios. As oferendas de animais para serem sacrificados não eram um costume peculiar aos judeus; eram uma prática generalizada em quase todo o mundo antigo. Na verdade, diversas civilizações daquela época praticavam, também, sacrifícios humanos.

Ao contrário do santuário móvel que, segundo a tradição, foi planejado por Deus, o Templo de Jerusalém foi planejado e construído por arquitetos fenícios, e as informações disponíveis sugerem que ele nada tinha de original, do ponto de vista arquitetônico. Sabemos, também, que ele continha algumas imagens de outros deuses, trazidos a Jerusalém pelas esposas de Salomão. Isaías, mais tarde, destruiu todas essas imagens.

O exército de Alexandre, o Grande, ocupou Israel em 333 a.E.C. e Antíoco IV, em 167 a.E.C., converteu o Templo para o culto a Zeus. Ele foi novamente sacramentado após a revolta dos Macabeus, que deu origem à festa de Chanucá.

O Templo de Jerusalém foi destruído por Nabucodonosor, rei da Babilônia, no ano 586 a.E.C. As escavações arqueológicas correspondentes a esse período mostram que a destruição foi total. Nada restou do Templo de Salomão.

O Templo foi parcialmente reconstruído ao término do exílio na Babilônia, mas essa foi uma reconstrução simples e modesta.

Em 63 a.E.C. iniciou-se o domínio romano e no ano 20 a.E.C. Herodes construiu um novo templo, bem maior e arquitetonicamente mais bonito.

O Segundo Templo, contudo, durou muito menos que o primeiro; foi totalmente destruído pelos romanos, no ano 70 E.C., dele restando apenas a parede oriental externa, o Muro das Lamentações.

Na época da destruição do Segundo Templo, o cristianismo já estava nascendo. Mas os locais de reunião dos cristãos primitivos precisavam ser secretos, porque eles eram perseguidos. Durante muito tempo se reuniram em catacumbas. Posteriormente também passaram a construir templos.

O papa Adriano I, ao enviar seus missionários para catequizar os diferentes povos, trazendo-os para o cristianismo, disse a seus emissários:

> Não destruam os templos, destruam apenas os ídolos. As pessoas estão acostumadas a ir aos templos, e nós queremos que elas o continuem fazendo. Precisarão apenas de novas imagens.

O fato é que, para muitas pessoas, os templos representavam locais sagrados. E, curiosamente, não perdiam essa característica ao serem "desapropriados" e adotados por outras religiões. Muitos foram simplesmente modificados, outros foram construídos em cima dos anteriores, a fim de se manter a presença dos freqüentadores habituais e de preservar a reputação do local. E os templos cristãos, para serem efetivamente considerados locais sagrados, passaram a ter relíquias de um ou mais santos.

O judaísmo, após a destruição do Segundo Templo, se tornou uma religião desprovida tanto de templos como de sacerdotes. As sinagogas não são, na realidade, templos. Têm três funções: casa de reunião, casa de oração e casa de ensino. Ou seja, são casas comuns nas quais as pessoas se reúnem para realizar diversos tipos de atividades.

As sinagogas surgiram por ocasião do exílio dos judeus na Babilônia, ou seja, já existiam durante a era do Segundo Templo e não substituíam as funções deste. Com a destruição do Templo, as sinagogas foram se tornando progressivamente mais importantes.

Os rabinos (a palavra significa mestre, professor) surgiram nos três últimos séculos antes da Era Comum. A princípio o título não existia; grandes líderes religiosos, como Hilel e Shamai, são conhecidos apenas por seus nomes. O título de Rabino, ou Rabi, foi introduzido por Johanan ben Zakai, no século I E.C. Ao contrário dos sacerdotes do Templo, os rabinos exerciam outras profissões para assegurar seu sustento. Eram sábios e ensinavam a religião a seus discípulos, mas não eram realmente sacerdotes.

A religião judaica é provavelmente a única que não possui templos nem sacerdotes. Também é uma das religiões nas quais as imagens de Deus são totalmente proibidas.

CAPÍTULO V
A EVOLUÇÃO DO JUDAÍSMO

A Bíblia nos conta que Abraão é o patriarca do judaísmo. Ele fez um pacto com Deus e deixou sua cidade natal de Ur, na Caldéia, para seguir seu destino, que o fez gerar dois grandes povos. Portanto, sem Abraão não haveria judeus, nem cristãos, nem muçulmanos.

Não tenho a intenção de contar em detalhe a história do povo judeu. Um pouco de história, contudo, é necessário para acompanharmos a evolução do judaísmo ao longo do tempo.

Aqueles que utilizam a Bíblia como fonte de conhecimento certamente discordarão de minha maneira de contar essa história, mas é a que mais se aproxima das fontes arqueológicas e históricas e do próprio estudo crítico da Bíblia.

O Êxodo

A maior parte deste capítulo se apóia no livro de Howard Fast, *The Jews — History of a people*. Fast não foi um historiador; entretanto, como escritor, viajou extensamente pelo mundo e baseou seu livro em conversas e entrevistas com pessoas que conheceu nos mais diversos locais, além de se utilizar de fontes arqueológicas.

Ele nos conta que havia, no deserto e na região que é hoje a Palestina, diversas tribos, que os canaanitas denominavam *ivrim* — aqueles que vêm do outro lado do rio. Desta palavra adveio o vocábulo *hebreu*. Os canaanitas, muito mais civilizados, viviam em cidades fortificadas, que as tribos dos *ivrim* não conseguiam penetrar. Não sabemos quantas eram essas tribos. O número doze, que aparece na Bíblia, é apenas um número mágico. Na verdade, as tribos nominalmente citadas ultrapassam o número de doze, e provavelmente havia outras.

Algumas vezes uma dessas tribos se aventurava no Egito, em busca da riqueza do solo ao redor do rio Nilo, ou à procura de trabalho. Uma delas, a tribo de Levi, foi escravizada pelos egípcios. Seus homens tiveram de fazer trabalhos forçados, algo que era desesperador para pessoas nômades. Mas outras tribos nunca deixaram a Palestina, e outras habitavam o deserto.

Essas diferentes tribos tinham deuses diversos, que eram representados em seus estandartes. Assim, por exemplo, o estandarte da tribo de Rubem mostrava um dragão cuspindo fogo. A tribo de Issacar cultuava o sol e a lua, que apareciam bordados em sua bandeira negra. A de Judá tinha esfinges, leões com cabeça de mulher como as que, mais tarde, enfeitaram o Templo de Salomão. A tribo de José cultuava o touro, já que tinha uma relação de parentesco com habitantes da ilha de Creta. O deus da tribo de Benjamim era o lobo. A tribo de Aser cultuava Astarte, a deusa da fertilidade, e o culto consistia em ter relações sexuais com as sacerdotisas do templo, algo que depois se tornou muito popular, dando origem à construção de múltiplos templos de Astarte em toda a Palestina.

Os homens da tribo de Dan cultuavam a serpente, que no Jardim do Éden havia dado ao homem o Conhecimento, de maneira comparável à de Prometeu, na mitologia grega. Este foi violentamente castigado por Zeus, o deus do trovão, como também o foi a serpente, na lenda de Adão e Eva. No Sinai havia também um deus do trovão, que se chamava Javé, um deus ciumento e orgulhoso, que era inimigo mortal da serpente.

Não temos certeza se a palavra *Javé* é totalmente correta, mas é a mais provável. O fato é que, muito tempo depois, o nome de Deus se tornou secreto. O Tetragrama, como são denominadas as quatro letras do Seu nome, era pronunciado apenas uma vez por ano, pelo sumo sacerdote, no Templo de Jerusalém, em meio a grande ruído, para que as pessoas não o pudessem ouvir. Na língua hebraica as vogais não eram escritas, apenas as consoantes. Sendo assim, só foram legadas à posteridade as consoantes Y, H, V e H. Deus passou a ser mencionado por outros nomes, ou atributos, mais freqüentemente como *Adonai*, o Senhor. Em algumas Bíblias lemos Jeová, mas este nome resultou apenas da tentativa de utilizar as vogais da palavra *Adonai* para completar as consoantes Y, H, V e H.

Moisés, o primeiro dos profetas judeus, o verdadeiro criador do judaísmo, pertencia à tribo dos Levitas. Nada sabemos de sua origem, totalmente envolta em mitos. Freud achava que ele era egípcio, mas essa hipótese não pode ser historicamente provada. Apenas sabemos que seu nome, *Moysha*, é um nome egípcio e significa "uma criança é oferecida". Mas todos os levitas tinham nomes egípcios.

Para alguns historiadores, Moisés é uma figura lendária. Entretanto, Fílon, um sábio judeu da Alexandria, nunca duvidou de sua existência. Na época de Fílon havia muitos livros sobre Moisés na Biblioteca de Alexandria, que depois foi destruída, assim como o foram as bibliotecas judaicas em Jerusalém.

Acredita-se que Moisés tenha saído do Egito com cerca de 400 a mil seguidores. Os grandes números citados na Bíblia foram, provavelmente, baseados na população judaica do tempo do rei Davi.

Não sabemos qual era o deus dos levitas, mas por ocasião da fuga do Egito ele passou a ser Javé, o rei do trovão, considerado por eles superior a todos os outros deuses. Para vê-lo, tinham de ir ao deserto, não podiam cultuá-lo em nenhum templo. E como é que eles o viam?

O Livro do Êxodo (13, 20-21) nos dá uma pista:

> Assim partiram de Sucot e acamparam em Etam, à beira do deserto. E o Senhor ia adiante deles, de dia em uma coluna de nuvem para os guiar pelo caminho, e de noite numa coluna de fogo para os alumiar, a fim de que caminhassem de dia e de noite.

Para Howard Fast essa é a definição perfeita de um vulcão, fumaça durante o dia e chama à noite. Um deus que vivia em uma montanha (Sinai ou Horeb — talvez os dois nomes digam respeito à mesma montanha).

> Guardai-vos de subir à montanha, nem toqueis a sua borda; todo aquele que tocar a montanha morrerá (Êxodo 19,12).
> Todo o monte Sinai fumegava, porque o Senhor descera sobre ele em fogo; a sua fumaça subiu como a de uma fornalha e todo o monte tremia fortemente (Êxodo 19,18).

Um vulcão à beira da erupção era um deus a ser realmente temido.

Uma vez que o deus dos levitas era o mais poderoso de todos, estes se tornaram os seus sacerdotes.

Moisés era um grande líder e criou um código de leis, que mais tarde se tornaram os dez mandamentos. Esse código não era, ainda, um conjunto de leis éticas, mas foi a base para as leis que surgiram depois.

Quatro das tribos que se uniram a Moisés vinham da parte leste da península do Sinai e do Negeb: Judá, Simeão, Caleb e Quenan (que alguns acreditam ser outro nome para Caim, o filho primogênito de Eva). A de Judá era a maior, e logo a população do deserto veio a ser conhecida pelo seu nome: *iehudim* — judeus. Os iehudim aceitaram os levitas como um clã devoto a Javé e puseram à sua disposição seus cavalos e seus carros de guerra, que tornaram possível a conquista da Terra Prometida.

Os reis e os profetas

As tribos combateram os canaanitas e ocuparam a Palestina. Durante muito tempo mantiveram governos independentes. Mas surgiu, depois, a necessidade de um governo central, e vieram, então, os reis Saul, Davi e Salomão.

O reinado de Saul foi apenas uma tentativa inicial, mas Davi foi o grande rei. Embora tenha cometido alguns deslizes, era um homem profundamente religioso. Não só seus triunfos militares foram notáveis como também foi capaz de fazer de seu trono um exemplo de estrutura militar, sacerdotal e cultural. Davi tinha uma visão ampla e fez alianças importantes com os países vizinhos. Segundo a tradição, era também excelente músico e grande poeta.

Foi ele quem conquistou Jerusalém, no ano 1004 a.E.C., tornando-a a capital civil e religiosa da nação, para lá transportando a Arca das tábuas da lei. Sua percepção das características especiais das tribos israelitas e da religião foi muito mais perfeita que a de Saul, seu predecessor, e de seu filho Salomão.

O reinado de Salomão é considerado, por muitos, o apogeu da antiga civilização judaica. Contudo, para cumprir seus ambiciosos programas, ele usou trabalho escravo em grandes proporções e começou a cobrar pesados impostos da população.

Um dos projetos ambiciosos de Salomão foi a construção do Templo de Jerusalém. A verdade é que esse templo não tinha grande relação com a religião de Moisés. Para muitos estudiosos ele tinha muito de idolatria, trazida pelas inúmeras esposas estrangeiras do rei.

Após a morte de Salomão, os representantes das tribos do norte pediram a seu filho Roboão que reduzisse os impostos. Roboão era um jovem arrogante e se recusou a fazê-lo. Os representantes, enfurecidos, o obrigaram a fugir e elegeram Jeroboão, que acabara de voltar do exílio no Egito, para ser o seu rei. Assim, o reino se dividiu em dois: o reino de Israel, ao norte, e o de Judá, ao sul.

Durante anos, e ao longo de uma sucessão de reis, o reino de Israel passou a cultuar outros deuses, como Baal, Melcart e Asherá. Uma filha do rei de Tiro, Jesebel, casou-se com Ahab, filho do rei Omri, e dedicou-se fervorosamente ao culto de Baal. O culto a Javé praticamente desapareceu.

Foi quando surgiram os profetas.

É interessante observar os comentários do escritor Howard Fast a esse respeito:

> Esta mudança no conceito judaico de Javé — o processo evolucionário que começou há 3.200 anos com um deus vulcânico de guerra e se transformou em um humanismo altamente civilizado 1.200 anos depois — é a chave da história judaica [...] Os reis judeus não foram melhores nem piores que os outros reis. Eles tinham poder, e o poder os corrompeu, assim como corrompe todos os que o possuem. O que fez diferença foi que os reis da confederação do norte e de Judá deram origem aos profetas, e da mente dos profetas surgiu o judaísmo.

Elias — em hebraico *Eliahu* — é certamente o mais popular dos profetas. Curiosamente, não há nenhum livro na Bíblia com seu nome, mas seus feitos tornaram-se famosos. Elias refugiou-se no deserto, para aí se encontrar com Deus, como o fizera Moisés, e de lá ressurgiu em defesa de Javé. Enfrentou os profetas de Baal e os venceu, graças à sua extraordinária eloqüência. Insurgiu-se, em nome de Javé, contra os touros do templo, contra as sacerdotisas que prestavam favores sexuais aos freqüentadores e contra o rei Ahab, nas épocas em que havia fome. Afinal, a fome era a prova da ira de Javé. Jesebel o perseguiu tenazmente, mas ele se escondia no deserto.

Ele é carinhosamente lembrado em histórias e lendas. Nos jantares de Pêssach, a Páscoa judaica, é costume deixar um copo de vinho para Eliahu, e também abrir a porta da casa, em determinado momento, para receber sua visita.

Amós foi o primeiro dos profetas a deixar escritos. Ele viveu cerca de 760 anos antes da Era Comum e foi adversário de outro rei de Israel, Jeroboão II. Este lutou contra os exércitos sírios durante todo o seu reinado, engajando-se em batalhas sangrentas, nas quais procurava matar todos os seus inimigos. A população pobre foi violentamente oprimida, enquanto os ricos construíam magníficos palácios. Amós vinha em defesa dos pobres, clamando, em nome de Javé, por menos sangue e mais justiça.

Depois veio Oséias, que presenciou a derrota de Jeroboão II e a incorporação do reino de Israel à Assíria. Para ele, essa era a prova do descontentamento de Javé com os israelitas.

Alguns dos habitantes do reino de Israel conseguiram fugir para o reino de Judá e um deles levou um manuscrito de Oséias, salvando-o da destruição. A maioria, contudo, foi exilada para outros países, incorporando-se a diversas populações e perdendo sua identidade judaica. São as *dez tribos perdidas*.

Devemos a Oséias um novo desenvolvimento em relação a Javé. Para ele, Javé não era somente o Deus da ira e da justiça; era também um Deus do amor, e a derrota dos israelitas não lhe havia trazido alegria, somente angústia e sofrimento. Javé punia, mas também perdoava.

Com a destruição do reino de Israel, a população do reino de Judá, assim como seus governantes, começou a acreditar que seu destino político e militar estava relacionado com seu comportamento moral e com o culto de Javé. Muitos templos pagãos foram destruídos e o processo se acentuou quando, durante uma restauração do Templo de Jerusalém, em 622 a.E.C., o sumo sacerdote encontrou um livro de escritos antigos. Provavelmente era um manuscrito do Deuteronômio. Mas a descoberta criou pânico, em função das terríveis ameaças contidas no capítulo 28 desse livro, que pareciam confirmar as profecias de Oséias. O rei Josias mandou destruir todas as imagens e executar os sacerdotes pagãos e as sacerdotisas prostitutas. Foi realizada uma grande comemoração de Pêssach, que parece ter sido a primeira desde o tempo dos Juízes.

Foi nessa época que surgiu um grande profeta, Isaías. Ele certamente foi um grande orador, mas também se preocupou em escrever suas profecias. Um dos manuscritos encontrados no mar Morto apresenta o texto bíblico completo de Isaías, sendo o mais bem preservado desses antigos textos.

Sabe-se muito pouco a respeito de sua vida. Os críticos da Bíblia observam incongruências em sua narrativa bíblica. Na primeira parte, o símbolo da opressão é a Assíria. A partir do capítulo 40, a narrativa muda e o poder opressivo se torna a Babilônia. O exílio deixa de ser uma previsão para se tornar um fato. Com o capítulo 56 já se começa a falar sobre o retorno a Jerusalém. Eles acreditam, portanto, que o livro de Isaías se refere a três profetas diferentes, que passaram a ser designados como Isaías, Dêutero-Isaías (segundo livro de Isaías) e Trito-Isaías (terceiro livro de Isaías). Sabemos hoje que a primeira parte do livro de Isaías data aproximadamente do ano 400 a.E.C. Os relatos de Dêutero-Isaías e Trito-Isaías, provavelmente escritos na Babilônia, a princípio circularam separadamente, sendo acrescentados ao livro de Isaías entre os anos 400 e 200 a.E.C. São de Isaías as profecias messiânicas, que voltaremos a comentar mais adiante. E foi ele quem destruiu as imagens da serpente e dos leões que adornavam o Templo de Salomão. Para os sacerdotes levitas, o touro era ofensivo a Javé, mas o culto à serpente e ao leão eram tolerados. A partir dessa época, pela primeira vez, o Templo ficou realmente sem imagens.

Falaremos mais sobre Dêutero-Isaías ao comentarmos o exílio na Babilônia.

Outros profetas significativos, depois de Isaías, foram Habacuque (Habacuc) e Jeremias. Esse último foi muito categórico ao afirmar que "Javé ama a paz, Javé não deseja que seus filhos sejam mortos por outros de seus filhos".

Miquéias (em hebraico *Micá*) foi o último dos profetas do século VIII a.E.C. A ele devemos uma interpretação da frase do Êxodo em que Deus nos diz: "Sejam santos, porque Eu, Adonai, seu Deus, sou Santo". Para sermos santos, segundo o profeta Miquéias, "precisamos ser justos, amar a bondade e caminhar humildemente ao lado de Deus".

A BABILÔNIA

Um passo importante na evolução do judaísmo foi a queda do reino de Judá e o conseqüente exílio dos judeus. Nabucodonosor havia feito um pacto com o reino de Judá; quando esse pacto foi desfeito, ele destruiu Jerusalém e puniu os revoltosos. Mas não fez dos judeus escravos, apenas os deportou para a Babilônia. Os números citados na Bíblia variam, mas acredita-se que 35 mil judeus foram exilados.

Tanto Nabucodonosor como o povo da Babilônia receberam bem o povo judeu, que foi tratado com estima e consideração.

Durante os 70 anos de exílio foram estabelecidos alguns conceitos que perduram até hoje: *galut*, que significa "exílio", e *aliá*, literalmente "ascensão", que significa "voltar a Jerusalém".

Havia, nessa época, uma idéia de que os deuses "moravam" nos seus respectivos templos. Se a pessoa não conseguia chegar ao templo, não podia comunicar-se com Deus.

Mas os judeus estavam desenvolvendo o conceito de um Deus único, universal, presente em todas as partes. E assim surgiram as sinagogas, casas onde os judeus se reuniam para orar, ou para estudar, e apareceram os rabinos (que ainda não tinham esse nome), pessoas cultas que orientavam as demais. Essa foi uma situação única, pois quase sempre as populações que migram adotam os deuses do local em que se encontram, e isso, graças aos profetas, não aconteceu com os judeus.

Foi muito importante, nessa ocasião, a voz do Profeta Desconhecido, o Dêutero-Isaías. Não sabemos o nome desse homem, e provavelmente nunca o saberemos. Ele nos é particularmente importante por ter afirmado o conceito do monoteísmo, a noção de Deus sem imagens ou símbolos.

É possível que Dêutero-Isaías tenha sido um dos mercadores judeus que participaram de caravanas à Índia, pois ele parece ter tido contato com o mistério e a beleza das religiões orientais. Ou pode ter sido uma alma iluminada que atingiu um estado de compreensão durante o exílio na Babilônia.

> Assim como o calor do sol acaricia igualmente o bem e o mal, o amor e a compaixão de Javé permeiam o Universo.

Javé já não era o Deus da justiça dos tempos tribais; era o Deus da Justiça do Mundo, e Ele havia escolhido os judeus para divulgar sua mensagem. Javé não é um juiz que distribui castigos e recompensas. Seu objetivo é de proporções grandiosas e tão misterioso quanto o Seu ser.

Quando Ciro, o rei da Pérsia, invadiu a Babilônia, ele concedeu aos judeus o direito de retornar a Jerusalém. Muitos o fizeram, mas alguns preferiram permanecer na Babilônia. Naquele tempo, a base da economia era a agricultura. Na Babilônia os estrangeiros não podiam comprar terras, e por isso os judeus se tornaram mercadores e banqueiros. Suas caravanas atingiam a Índia e a China, e inclusive se constituíram comunidades judaicas nessas regiões. Essas comunidades, aliás, não comemoram a festa de Chanucá, pois foram estabelecidas muito tempo antes da revolta dos Macabeus.

A percepção de que sua religião era universal, e que havia necessidade de estabelecer princípios que orientassem aqueles que residiam em lugares distantes, levou os judeus da Babilônia a conceber um projeto arrojado: escrever as histórias do povo judeu. Formou-se um comitê editorial que reuniu todos os manuscritos e pergaminhos disponíveis e se elaborou a redação do que se tornou a Torá. Eles delicadamente redirecionaram o culto a outros deuses — *Elohim* — para Javé, uma vez que eles agora achavam que todas as divindades, todos os cultos e toda a verdade eram aspectos da presença invisível de Javé. A palavra *Elohim* é hoje interpretada como um dos nomes de Deus, mas as explicações para sua terminação no plural são pouco convincentes.

Além da Torá, foram também escritas na Babilônia as palavras dos Profetas, assim como os livros de Josué, Juízes, Reis e alguns dos Salmos. Entretanto, esses livros foram depois revistos e sofreram acréscimos. A Torá estava pronta. Era a Lei.

O DOMÍNIO PERSA

O rei Ciro respeitava a cultura dos judeus, que, por sua vez, apreciavam sua postura nômade. Provavelmente o elo que os aproximou foi a religião. Ciro era um seguidor de Zoroastro, para quem Deus também era uma luz eternamente presente. Ele estava criando um novo império e os judeus o auxiliaram nessa tarefa.

Assim, a partir de 538 a.E.C., caravanas de judeus começaram a cruzar o deserto de volta a Jerusalém. Seu número havia dobrado durante os 70 anos de exílio, principalmente pela adesão de pessoas da Babilônia ao culto de Javé. Os judeus não faziam proselitismo, mas a religião judaica, na Antigüidade, atraía seguidores — e estes eram bem-vindos. Acredita-se que 40 mil judeus voltaram a Jerusalém e outros 40 mil permaneceram na Babilônia.

Para os que retornaram a Jerusalém a vida foi bem mais difícil. A cidade era permanentemente saqueada por bandos de beduínos. O Templo de Salomão estava em ruínas e todos os seus artefatos de metal haviam sido roubados, assim como aconteceu com as residências aristocráticas da cidade. O desânimo tomou conta dessa população e eles mandaram mensagens à Babilônia dizendo ser impossível reconstruir a terra prometida dos judeus.

A dois homens extraordinários coube solucionar esses problemas.

O primeiro foi Neemias, um aristocrata judeu ligado à corte do rei Artaxerxes, sucessor de Ciro. Desesperado com as notícias, ele pediu permissão para ir a Jerusalém, e Artaxerxes lhe deu ampla autoridade. Ele reuniu um pequeno exército de judeus, estabeleceu-se em Jerusalém como governador e estimulou a população a reconstruir os muros da cidade. Uma milícia foi organizada para guardar os muros, solucionando o problema dos saqueadores. Depois, Neemias iniciou uma campanha para trazer famílias judaicas de volta a Jerusalém. Organizou, também, uma biblioteca, para preservar os livros judaicos.

O segundo foi Esdras, que colaborou com Neemias na campanha de atrair famílias e fez os judeus de Jerusalém compreendem que a Torá não era um livro de história, e sim um código de comportamento social e religioso que tinha de ser considerado fundamental na vida judaica. Há quem acredite ter sido ele o responsável pela Torá escrita, mas a maior parte das evidências disponíveis aponta para sua publicação vários anos antes, na Babilônia.

Esdras conseguiu trazer cerca de mil famílias da Babilônia para Jerusalém. E também reconstruiu o Templo. Este novo Templo era uma réplica muito pobre do Templo de Salomão, uma vez que os judeus que voltaram a Jerusalém não possuíam riquezas.

Não há dúvida de que Neemias e Esdras foram os artífices da salvação de Jerusalém, graças ao apoio e à colaboração dos persas. Quando morreram, a cidade já estava "viva" e em condições de sobreviver.

O DOMÍNIO GRECO-EGÍPCIO

O domínio persa foi subitamente interrompido por Alexandre, o Grande.

Alexandre, que nasceu em 356 a.E.C., havia sido educado por Aristóteles. Aos 20 anos de idade assumiu o trono da Macedônia, em virtude do assassínio de seu pai, Filipe.

Seu exército tinha uma arma revolucionária, que o tornou invencível: a *falange*. Era um tanque de guerra humano, constituído por 64 *sintagmas* (grupos de 256 soldados), dispostos muito próximos uns dos outros. Ou seja, cada falange tinha 16.384 homens com espessas armaduras, levando lanças longas e pesadas.

E assim Alexandre conquistou rapidamente toda a área que hoje corresponde ao Egito, à Turquia, ao Irã, ao Iraque, à Jordânia, à Síria, ao Líbano, a Israel e ao norte da Arábia, estendendo-se até a Índia.

Alexandre morreu na Babilônia, aos 33 anos de idade, no ano 323 a.E.C., ao que parece acometido de uma doença infecciosa. Alguns historiadores acreditam que tenha sido envenenado, mas a maioria acha essa hipótese pouco plausível.

Com sua morte, a imensa área conquistada foi dividida entre seus generais, ficando a Palestina subordinada ao governo egípcio, a dinastia dos Ptolomeus. Essa família tinha profundo respeito pelo conceito judaico de Deus e pela estrutura social dos judeus. E, além disso, estavam interessados em suas rotas comerciais. Combinaram um tributo leve e lhes pediram para estabelecer um centro comercial e bancário em Alexandria, nessa época a capital do Egito.

Assim, somando a ocupação persa e a grega, os judeus tiveram 300 anos de paz. Javé já não era chamado por esse nome, era apenas Deus. Embora continuassem os sacrifícios de animais no Templo, muitos judeus já começavam a rejeitar a idéia de realizar esses sacrifícios. Foi nessa época que surgiu o Shabat, o dia semanal de descanso, como um conceito ético. Aos poucos, a língua hebraica modificou-se para o aramaico.

Com a concordância dos gregos, o país era governado pelo sumo sacerdote, auxiliado por um conselho de aristocratas. O sumo sacerdote pertencia à família Tzadok, que alegava ser descendente de Arão, irmão de Moisés. A família considerava o Templo sua propriedade. Eles eram numerosos e tinham grande poder, constituindo uma espécie de partido. Eram chamados *tzadokim*, uma palavra provavelmente derivada de Tzadok, que foi traduzida como *saduceus*.

Havia, contudo, uma oposição aos saduceus. Era um grupo de famílias de sacerdotes (*cohanim*), cuja linhagem era tão antiga como a dos *tzadokim*, mas ficavam excluídos do controle do Templo e da estrutura do governo. Eram conhecidos como *parushim* (*fariseus*), ou seja, os "separados", ou "excluídos". Os fariseus eram, em sua maioria, pequenos proprietários rurais e tomavam conta das sinagogas ao redor de Jerusalém. Estabeleceram, nas sinagogas, padrões muito mais rígidos que os do Templo. Eram muito mais pobres que os sacerdotes do Templo, mas muito estimados pelo povo.

Os greco-egípcios ficaram fascinados com a ética judaica, com a atitude dos judeus em relação à escravidão, com o seu uso do Shabat e do ano sabático. Os judeus, por outro lado, ficaram fascinados pela ciência e filosofia da Grécia; começaram a ler Sócrates e Tucídides e se entusiasmaram pelo teatro grego. Os gregos aprenderam o aramaico e os judeus aprenderam o grego, que se tornou a "língua franca" comercial da época. Alexandria passou a ser o novo centro da Diáspora, substituindo a Babilônia. Muitas sinagogas (palavra grega que significa "reunião") foram construídas nas grandes cidades gregas.

A união dos pensamentos judaico e grego produziu, ao longo do tempo, o judaísmo rabínico. E também Fílon, Hilel e Jesus.

A SEPTUAGINTA

Diz a lenda que Ptolomeu II ficou tão fascinado pela história e pela cultura do povo judeu que encomendou a 70 rabinos, em Alexandria, uma tradução da Torá, que ficou conhecida como Septuaginta. Conta a lenda, também, que as traduções efetuadas pelos 70 rabinos eram todas exatamente iguais! Além da Torá, foram traduzidos vários outros livros da Bíblia.

A Septuaginta se tornou a versão de referência do Pentateuco para os cristãos primitivos. Foi dela que foi feita a tradução para o latim. Curiosamente, muitos de seus textos são mais longos e detalhados do que os da Bíblia em hebraico.

As explicações para esse fato variam. Para alguns, trata-se de produto da imaginação dos rabinos que realizaram a tradução. Sabemos, hoje, que eles não se contentaram em "traduzir" as palavras e frases de uma língua para outra, tentaram "expressar o sentido autêntico da Palavra de Deus".

Mas alguns eruditos acreditam que a tradução foi realizada com base em outra edição, mais antiga, da Bíblia hebraica.

Certa vez visitei um convento de sacerdotes ortodoxos gregos em Metéora, no sul da Grécia. Nosso guia, que era um professor de Arqueologia da Universidade de Tessalonica, nos contou que eles se consideram os guardiães da Bíblia, porque no seu convento se encontra a mais antiga versão manuscrita da Septuaginta. (O rabino Richard Freund, que é arqueólogo, disse-me que existe um manuscrito ainda mais antigo, na Ásia Menor.) Eles acreditam que as versões contemporâneas da Bíblia em hebraico foram destruídas e que posteriormente foi feita uma nova tradução, dessa vez do grego para o hebraico.

O fato é que a atual versão da Torá, denominada "versão massorética", parece ter sido elaborada durante o primeiro milênio, aparecendo, em sua forma definitiva, por volta do ano 900 E.C.

A Septuaginta foi adotada por muitos judeus, quer na Palestina, quer na diáspora. Havia, nessa época, centenas de milhares de judeus nos países mediterrâneos e no Oriente Médio, sendo a Mesopotâmia e Alexandria os pontos de maior concentração. Somente no final do século I E.C. é que o judaísmo rabínico começou a considerar a Septuaginta como uma "Bíblia cristã", e no século II os rabinos proibiram seu uso pelos judeus. Preferiram outra tradução, para a língua siríaca, a *Peshita* — palavra que significa "tradução simples" —, que parece ter sido feita ao redor do ano 464 E.C.

O DOMÍNIO GRECO-SÍRIO

O antigo reino da Pérsia havia sido destinado a um dos generais de Alexandre, o Grande, Seleucus Nicator. Em 198 a.E.C.

um de seus descendentes, Antíoco III, derrotou o exército egípcio e ocupou a Palestina, movido pela cobiça. O fato é que os judeus vinham, ao longo do domínio grego, acumulando riquezas. O período de tranqüilidade terminara.

Os sírios não tinham contato com a religião judaica e a misturaram com o culto a Zeus, colocando uma estátua do deus olímpico dentro do Templo. Apossaram-se de grande parte dos tesouros, roubaram as sinagogas e cobraram impostos pesados dos pequenos proprietários rurais. Esse dinheiro era usado para pagar os mercenários de seu exército.

Na pequena vila de Modiin, a um dia de viagem de Jerusalém, morava uma família de sacerdotes chamados *chashmonaim* (hasmoneus), tão antiga como os *tzadokim*. Quando um grupo de coletores de impostos sírios chegou à vila e ridicularizou a religião de seu povo, proferindo blasfêmias, o velho sacerdote Matatias matou um deles e, com o auxílio de seus cinco filhos, os expulsou da região. Assim começou a revolta que novamente tornou a Palestina independente, embora por breve período de tempo.

A luta contra Antíoco IV se iniciou com Matatias e seus cinco filhos e alguns habitantes da vila de Modiin. Eles não possuíam armas, nem armaduras, tampouco tinham experiência de guerra, mas eram extremamente corajosos e ferozes nas batalhas. Com a morte de Matatias, seu filho Iehuda Macabi assumiu o comando, sendo historicamente considerado um gênio militar. Curiosamente, tanto ele como seus irmãos eram pessoas inteligentes, humildes e afáveis.

Iehuda armou seu grupo com armas roubadas dos mercenários e, conhecendo muito bem as colinas ao redor de Jerusalém, conseguiu, depois de meses, invadir a cidade e ocupar o Templo. No ano 164 a.E.C., no dia do solstício de inverno, o Templo foi purificado e reconsagrado, comemorando-se a primeira festa de Chanucá.

Iehuda e seus irmãos resolveram, então, acabar com o domínio sírio em toda a Palestina. Alcançaram muitas vitórias, mas foram detidos por uma coluna de elefantes enviada por Antíoco IV. Um dos irmãos, Eleazar, morreu nessa batalha. Pouco tempo depois Iehuda e seu irmão João foram mortos em outras lutas.

Entretanto, um grupo de mercenários macedônios, em parte por admirar a coragem dos judeus, em parte porque Antíoco já não tinha como pagá-los, passou para o lado dos Macabeus. Ionatan, um dos dois irmãos sobreviventes, obrigou os sírios a outorgar aos judeus um estado de semi-independência. Quando ele foi morto, Simão, o último dos irmãos, completou a libertação, e em 142 a.E.C. foi designado *etnarca* — governador — e sumo sacerdote.

Simão foi assassinado em 135 a.E.C. Seus descendentes tomaram conta da Palestina até 63 a.E.C., época em que o general romano Pompeu decidiu intervir diretamente na Judéia.

A perda da independência foi essencialmente causada pelas lutas entre os saduceus e os fariseus. Estes observaram, com desespero, as ações de João Hircano, filho de Simão, neto de seu querido sacerdote Matatias. Na realidade, João e seus filhos se uniram aos saduceus.

João Hircano dominou militarmente a vizinha Iduméia e obrigou os idumeus a se converter ao judaísmo, como forma de "exportar" a cultura dos conquistadores à terra conquistada. Muitos idumeus fugiram, destruindo suas casas e suas cidades, mas os mais influentes e poderosos permaneceram e adotaram a religião judaica. Sua cultura era essencialmente grega. Um desses convertidos era um homem influente da cidade de Maresha, chamado Antípater.

Quando Alexandre Ianai, filho de João, se tornou rei e, conseqüentemente, sumo sacerdote, as coisas complicaram-se ainda mais. Ianai era um facínora. Ele assassinou todos os seus oponentes políticos e usou o tesouro do Templo para pagar mercenários. Com isso, os fariseus abandonaram sua postura contrária às guerras e o enfrentaram. Cerca de 50 mil judeus morreram nessa guerra civil. Houve um episódio em que Ianai permitiu que os fariseus fossem orar no Templo; enquanto rezavam, foram cercados pelos mercenários e mortos. Oitocentos fariseus prisioneiros de guerra foram por ele crucificados e, enquanto estavam presos nas cruzes, ele matou suas mulheres e seus filhos diante deles. Milhares de judeus fugiram da Palestina nessa ocasião.

Com a morte de Ianai, sua viúva, Salomé Alexandra, tornou-se rainha e firmou a paz com os fariseus. No entanto, seus filhos Aristóbulo II e Hircano II reuniram seus exércitos e começaram a lutar pelo controle do Templo. Foi quando os romanos, em 63 a.E.C., resolveram pôr um fim à loucura dos hasmoneus e designaram Antípater como governador do país, que passou a ser uma colônia romana com o nome de Judéia.

Como freqüentemente acontecia naquele tempo, Antípater foi envenenado e seu filho, Herodes, o Grande, o sucedeu.

A era grega foi gradativamente desmoronando em todo o mundo, e os romanos ocuparam toda a Europa.

Tanto Antípater como Herodes se consideravam judeus, mas o povo não aceitava seu "judaísmo helenizado".

Antes de tornar-se rei, Herodes já era odiado pelo povo judeu. Seu pai o designara governador da Galiléia e ele crucificou todos os fariseus que manifestaram insatisfação com o governo de seu pai. Depois crucificou vários camponeses muito pobres, por não pagarem os impostos, apesar de reconhecer que eles não tinham condições de pagá-los. O Conselho dos Anciãos — *Sanhedrin* — o chamou a Jerusalém para julgá-lo por esses crimes, e ele certamente teria sido condenado à morte, se não fosse a intervenção dos romanos, que o nomearam rei.

O Sanhedrin, então, proibiu a entrada de Herodes em Jerusalém, mas ele, com o auxílio das legiões romanas, invadiu a cidade. Matou todos os que a defendiam e todos os membros do Sanhedrin. O sumo sacerdote passou a ser nomeado por Roma. Herodes foi rei de 37 a 4 a.E.C. Apesar de sua crueldade, ele era um governador competente, e a Judéia prosperou enormemente. Durante seu reinado, a cidade de Jerusalém nunca foi atacada. Por não poder marcar sua presença em batalhas, dedicou-se à arquitetura. Construiu para si mesmo um palácio magnífico, bem como a fortaleza de Massada e a cidade de Cesaréia. E mandou edificar, também, o Segundo Templo. Nessa época Jerusalém se tornou internacionalmente famosa como uma das mais lindas cidades do mundo, e o Templo de Herodes era considerado um dos mais belos da Antigüidade.

O Templo foi o mais notável projeto arquitetônico de Herodes, o Grande. Seu esplendor só foi descoberto pelos arqueólogos após a vitória de Israel na Guerra dos Seis Dias, em 1967. O Muro das Lamentações, a única parede que restou de sua destruição, era uma das paredes de sustentação erigidas ao redor do monte Moriá para aumentá-lo e suportar o grande pátio de pedras sobre o qual o novo Templo foi construído. Na verdade, o Templo de Herodes era muito maior do que o monte Moriá poderia suportar.

O Templo ficava em um nível acima de toda a cidade e possuía uma coroa de ouro sobre a torre de mármore e pedras azuis esverdeadas descritas no Talmude como um sol dourado brilhando sobre o mar. Os pátios externos acomodavam cerca de 250 mil peregrinos que vinham, todos os anos, para as festas de Jerusalém.

Mas o Templo não foi realmente construído para glorificar a Deus; em grande parte o foi para glorificar Herodes, o Grande. A identidade cultural da cidade era tão confusa quanto a identidade judaica de Herodes. O governo de Roma o nomeou rei porque o considerava um judeu submisso à sua autoridade. Entretanto, eles também sabiam que o povo não o reconhecia como judeu, e isso o mantinha dependente da autoridade de Roma. Ele ficou isolado: era um judeu para os romanos e um romano para os judeus.

Tentou consolidar seu poder aproximando-se dos hasmoneus. Casou-se com Mariamne, a filha mais jovem da casa dos hasmoneus, mas logo começou a desconfiar que esses estavam conspirando contra ele e reagiu violentamente. Assassinou sua sogra, Salomé Alexandra, e o restante da família. Depois matou também Mariamne e três de seus filhos.

Herodes morreu no ano 4 a.E.C., sozinho e sem nenhuma popularidade. Há uma lenda segundo a qual, na sua velhice, ele se queixou aos membros da corte que ninguém choraria por sua morte. Esses o aconselharam a mandar matar Hilel no momento de sua morte, assim todo o povo choraria.

Após sua morte, Jerusalém se tornou uma cidade insegura, o que fez que o centro da população judaica passasse a ser a Galiléia, onde Hilel fundou sua academia. Achados arqueológicos recentes demonstram que também a Galiléia foi importante centro político.

HILEL

Hilel foi o primeiro dos grandes rabinos fariseus. Seus ensinamentos se encontram relatados no *Pirkei Avot* — A ética dos pais —, livro que começou a ser escrito na Babilônia, mas depois foi acrescido de outros ensinamentos e adicionado ao Talmude.

Sabemos que Hilel nasceu na Babilônia, durante o século I a.E.C., mudando-se para a Judéia aos 14 anos. Passou alguns anos em Jerusalém e depois se mudou para a Galiléia.

Ele é também chamado Hilel, o Velho. Este título — *Zaken* — indica a pessoa que ocupa alto lugar de honra na comunidade. Ele foi o responsável pelo estabelecimento da *Halachá* — o conjunto de regras baseadas na interpretação da Torá. Em outras palavras, foi o líder de uma revolução espiritual no judaísmo. Ele acreditava na presença contínua de Deus no Universo e que a única maneira de os homens servirem a Deus era por meio de seus atos, sendo diretamente responsáveis por eles perante Deus. Falava, também, da união mística entre Deus e os homens.

Seus ensinamentos, por vezes, eram opostos aos de outro mestre importante, Shamai. Dizem que o Talmude registra 300 discordâncias entre eles, mas esse número inclui as discordâncias entre seus respectivos discípulos, uma vez que ambos criaram academias rabínicas. Diz a tradição que as discordâncias entre eles mesmos foram apenas três, talvez quatro.

Hilel é descrito como um homem muito humilde, permanentemente em busca da paz. Nunca assumia qualquer postura pedante e respondia a todas as perguntas que lhe eram feitas, mesmo as que o constrangiam. Ao contrário de Shamai, Hilel tinha alunos não-judeus. É sempre citada a história do homem que desejava converter-se, desde que Hilel pudesse lhe ensinar toda a Torá enquanto ele permanecia apoiado em um só pé. "O que não desejas para ti não o faças aos outros", disse Hilel. "Esta é a Torá, o resto é comentário. Vai e estuda."

Ele estimulava, nos homens, a auto-estima. "Se eu não for por mim mesmo, quem será por mim? E, se eu for somente por mim, o que eu sou? E, se não for agora, quando?"

"Aquele que tenta engrandecer seu nome o destrói; aquele que não aumenta seu conhecimento o diminui, e aquele que não estuda merece morrer."

Hilel teve, em sua academia, 80 discípulos, muitos dos quais importantes. O conselho dos membros da corte de Herodes não foi seguido. Ele faleceu no ano 10 E.C., ou seja, 14 anos após a morte de Herodes, o Grande.

CAPÍTULO VI
JESUS E O CRISTIANISMO

Aproximadamente no ano 6 antes da Era Comum, pouco antes da morte de Herodes, o Grande, nasceu Jesus.

A maior parte da informação que as pessoas têm sobre a sua vida advém dos quatro Evangelhos incluídos no Novo Testamento. Esses Evangelhos, contudo, foram escritos muitos anos após a morte de Jesus. Os Evangelhos de Marcos, Lucas e Mateus foram provavelmente escritos por volta do ano 70 E.C. Os estudiosos do Novo Testamento acreditam que eles se basearam em um texto anterior, escrito ao redor do ano 50, chamado Evangelho Q (de *Quelle*, palavra alemã que significa "fonte"). O Evangelho de João foi escrito no final do século I. Os manuscritos encontrados em Hag Hammadi, no Egito, em 1945, nos trouxeram uma multiplicidade de outros Evangelhos, que hoje sabemos terem sido deliberadamente excluídos do Novo Testamento. Esses e outros documentos nos forneceram novas informações sobre Jesus e sobre os tumultuados acontecimentos na Palestina durante sua vida e após sua morte. É importante compreender a situação daquela época, que culminou com a destruição de Jerusalém.

A Palestina no tempo de Jesus

Com a morte de Herodes, o Grande, a Palestina foi dividida em três áreas, que caberiam a três de seus filhos. Arquelau, que fora designado etnarca da área mais turbulenta — que incluía a Judéia, a Samaria e a Iduméia —, foi deposto pelo imperador Augusto e a região passou a ser governada por um procurador romano, designado diretamente por Roma. A Galiléia, ao norte, tinha um relacionamento mais tranqüilo com o imperador e era governada por Xantipa, outro filho de Herodes.

A preocupação em acumular grandes riquezas havia se tornado uma obsessão da nobreza romana, por isso o cargo de procurador tinha grande demanda, uma vez que proporcionava oportunidades de enriquecimento. No intervalo de tempo entre a morte de Herodes e a destruição de Jerusalém houve 17 procuradores romanos na Judéia. Seus nomes não nos importam, com exceção de Pôncio Pilatos. A única característica comum a todos eles era sua obsessão por dinheiro e o fato de que odiavam os judeus e por eles eram odiados.

A Judéia era extremamente rica, a terra era fértil e extensamente cultivada. As contribuições voluntárias ao Templo, ao longo dos anos, haviam aumentado imensamente seu tesouro.

A Samaria era também extensamente cultivada. Os samaritanos se consideravam judeus, pois Javé era o seu deus, embora cultuassem, também, algumas outras divindades canaanitas. Não aceitavam os princípios religiosos dos fariseus e por isso esses os desprezavam. Eram grandes guerreiros, tinham uma tradição militar que diziam ter vindo diretamente do rei Davi e por isso eram uma ameaça constante para os romanos, que os controlavam de perto.

A principal atuação dos procuradores era roubar o tesouro do Templo e cobrar altos impostos de toda a população. Como os sumos sacerdotes eram nomeados por eles, geralmente não havia problemas em apossar-se de bens que pertenciam ao Templo. É impossível calcular quanto foi roubado, mas devemos lembrar que o tesouro do Templo foi acumulado por 500 anos.

Dois outros grupos judaicos, além dos saduceus e dos fariseus, precisam ser mencionados. Os essênios eram extremamente dedicados à religião judaica. Ao observarem que os rituais do Templo estavam sendo conduzidos de forma corrupta e politizada, eles abandonaram Jerusalém e se estabeleceram em Qumran, no deserto da Judéia, onde construíram seu próprio templo e adotaram uma vida monástica. Em sua sociedade utópica, eles praticavam o celibato, observavam leis rígidas de pureza espiritual e levavam uma vida comunitária. Redigiram uma imensa biblioteca de documentos bíblicos, muitos deles com interpretações apocalípticas dos textos da Torá. Sua atividade literária permaneceu guardada em potes de barro durante dois mil anos, até ser descoberta acidentalmente por um menino beduíno, em 1947.

O outro grupo era o dos zelotes. Eles eram, essencialmente, pequenos proprietários rurais que haviam sido expulsos de suas terras por não conseguirem pagar os extorsivos impostos. Nem todos os proprietários rurais perderam suas terras, mas milhares deles ficaram sem elas. Não podiam permanecer na Palestina, a não ser que trabalhassem como escravos. Preferiram fugir e passaram a viver assaltando caravanas. O seu ódio aos romanos foi crescendo cada vez mais.

No início da Era Comum havia apenas algumas centenas de zelotes. A princípio eles assaltavam somente as caravanas romanas e gregas, mas depois começaram a assaltar também as caravanas dos judeus, pois consideravam os mercadores judeus bem-sucedidos colaboradores dos romanos.

Aos poucos cresceram em quantidade, atingindo a casa dos milhares. Começaram a se organizar em pequenos exércitos, que lutavam permanentemente contra os romanos, roubando suas armas. Seu fanatismo religioso os fazia achar que estavam cumprindo a vontade de Deus. Entre os zelotes surgiu um grupo de líderes, os sicários. A palavra vem de *sica*, o tipo de adaga que os zelotes usavam. Os sicários eram assassinos que usavam suas adagas para matar.

Pouco a pouco, os zelotes foram angariando aliados nas cidades, entrando e saindo de Jerusalém quando assim o desejavam. E começaram a matar os judeus que eram amigos dos romanos.

Os romanos, por sua vez, matavam todas as pessoas das quais desconfiavam. Suas formas de matar eram o fogo, o despedaçamento por animais selvagens e a crucificação, e essa foi a mais extensamente utilizada na Judéia.

A morte no crucifixo era considerada uma forma tão humilhante de execução que os cidadãos romanos jamais eram crucificados, por pior que fosse a ofensa que tivessem cometido. Era reservada para os escravos e para as pessoas consideradas "abaixo" da dignidade dos cidadãos de Roma. Era uma forma de terrorismo público. O condenado era pregado à cruz, nu, e aí permanecia até morrer. Quase nunca havia um corpo para enterrar, os corpos eram devorados pelas aves de rapina e por cães selvagens. É suficiente dizer que, embora milhares de pessoas tenham sido crucificadas em Jerusalém, só um único cadáver de pessoa crucificada foi até hoje encontrado pelos arqueólogos israelenses.

Essa era a Palestina do século I, dominada por romanos cruéis e dando origem a zelotes igualmente cruéis.

QUEM FOI JESUS?

Essa foi a época em que viveu Jesus.

Não tenho qualquer intenção de ofender aqueles que acreditam que Jesus é o filho de Deus. Mas preciso manter, neste capítulo, o mesmo espírito crítico do anterior, procurando separar a informação religiosa da informação histórica, quando elas se opõem. Minha posição é a da maioria dos teólogos católicos, protestantes e judeus na atualidade. A fé religiosa não pode depender de mitos, por mais que se tenham transformado em tradição. Como disse o escritor Chaim Potok:

> meu caminho é o da Verdade... se a Torá não for capaz de entrar no mundo universitário e sair fortalecida, então somos todos tolos e charlatães. Tenho fé na Torá! Não tenho medo da Verdade!

Se fizermos uma análise crítica dos Evangelhos "oficiais", vamos descobrir que eles introduziram numerosos mitos que, ao longo do tempo, tornaram-se dogmas para os cristãos. As razões para essas "modificações" da história de Jesus foram, basicamente, duas: a preocupação de "encaixar" em sua vida as profecias messiânicas, principalmente de Isaías, e o cuidado político de agradar aos romanos.

Jesus não nasceu em uma manjedoura em Belém.

Jesus nasceu em Nazaré, na Galiléia. O censo descrito nos Evangelhos nunca ocorreu, e as autoridades romanas, que eram eminentemente práticas, jamais fariam todas as pessoas se locomoverem para um recenseamento. Pelo contrário, pediriam a todos que voltassem para suas respectivas casas. Os reis magos parecem ter sido inventados pelos autores da Bíblia do rei James, publicada em 1611. O texto grego menciona apenas *magos* e a palavra utilizada é *epicena*, por isso alguns teólogos anglicanos sugeriram que seriam três mulheres representando o rei da Pérsia. Mas, na verdade, todo o cenário do nascimento é um mito.

A transposição do nascimento para Belém ocorreu para cumprir uma profecia de Miquéias (5,1).

A morte das crianças e a fuga para o Egito jamais ocorreram. É impossível imaginar que nenhum dos historiadores da época, nem mesmo Flávio Josefo, que escreveu detalhadamente a história do povo judeu, jamais tenha mencionado um incidente de proporções tão graves.

Jesus era filho de Maria e de José.

É biologicamente impossível uma criança do sexo masculino nascer sem ter tido um pai, pela simples circunstância da necessidade do cromossomo Y. Teoricamente seria possível tal nascimento de uma criança do sexo feminino, embora, ao que saibamos, isso também nunca tenha ocorrido.

Dois dos Evangelhos sinópticos contêm árvores genealógicas de José. Elas até diferem um pouco, mas o seu objetivo é claro: estabelecer que José descendia de Davi. Isso porque, segundo as profecias de Isaías, o Messias viria da casa de Davi. É um tanto curiosa a preocupação em provar que José descendia de Davi para, logo em seguida, dizer que ele não era o pai da criança!

E de onde veio a concepção de que Maria, a mãe de Jesus, era virgem? Aprendi, na minha visita a Metéora, que a palavra utilizada pelo profeta Isaías para descrever a mulher que seria a mãe do Messias era, em hebraico, *almá*, que significa "jovem esposa". Na Septuaginta, essa palavra foi traduzida pela palavra grega *parthenos*, que possui dois significados: "jovem esposa" e "virgem". Essa tradução foi a responsável pela idéia da virgindade de Maria. Não há dúvida de que o texto da Septuaginta foi o utilizado pelos evangelistas, que escreveram, todos eles, em grego.

Ao longo da evolução do cristianismo, a idéia da virgindade de Maria se estendeu a toda a sua vida, não apenas ao nascimento de Jesus. Mas os próprios Evangelhos nos contam que Jesus tinha quatro irmãos, cujos nomes são conhecidos, e pelo menos duas irmãs, cujos nomes não são conhecidos. Um dos irmãos de Jesus, Tiago, foi o continuador da sua doutrina após a sua morte. O nome Tiago merece um comentário. Seu nome em hebraico era Yacov. Essa palavra passou para o latim como Jacobus, que se pronunciava *Iácobus*, passando para o latim vulgar como Iago. Ao longo do tempo, *Santo Iago* se tornou *São Tiago*.

Mas quem era Jesus?

Para alguns ele era um simples camponês de Nazaré, uma vila da Galiléia que provavelmente tinha uma população entre 400 e mil pessoas. Mas as recentes escavações em Séforis, que fica a cinco quilômetros de Nazaré, sugerem que ele viveu muito perto de um centro urbano extremamente sofisticado. Sua classe social seria mais próxima da média, embora uma verdadeira classe média não existisse naquela época. Ele certamente falava várias línguas e conhecia a tradição judaica.

Para John Dominic Crossan, um dos grandes conhecedores da vida de Jesus, ele foi um líder revolucionário radical e ameaçador, pregando a completa igualdade em uma sociedade com imensos graus de segregação. Curiosamente, essa foi a conclusão a que chegou George Bernard Shaw em sua análise dos Evangelhos. No entanto, Shaw usou apenas sua capacidade de interpretação lógica, e talvez tenha sido levado a essa conclusão por ser, ele mesmo, um socialista. A opinião de Crossan, por sua vez, baseou-se em uma cuidadosa análise histórica e antropológica e contou com múltiplos novos documentos.

Jesus nasceu, viveu, ensinou e morreu como judeu, e isso transparece nos textos dos Evangelhos. A idéia de que ele veio para fundar uma nova religião é totalmente inexistente, quer nos Evangelhos, quer nas epístolas de Paulo. Mas o fato de ele ter tido tantos seguidores nos indica que a sua mensagem era profundamente significativa.

Os três Evangelhos sinópticos dão a entender que seus escritores, Marcos, Lucas e Mateus, acreditavam que Jesus era o

Messias esperado pelos judeus. Mas o consideram um ser humano, não um filho de Deus. A expressão "filho do Homem", que aparece com freqüência nesses textos, é uma tradução de uma palavra em aramaico que designa a humanidade. O mesmo acontece nas epístolas de Paulo, que foram escritas bem antes de todos os Evangelhos. Aliás, foi Paulo quem divulgou a idéia de que Jesus era o Messias. A palavra *christos*, em grego, significa "o ungido", ou seja, o Messias.

Já o Evangelho de João considera Jesus como Deus. A professora Elaine Pagels, grande conhecedora dos primórdios do cristianismo, acredita que o Evangelho de João foi uma resposta ao Evangelho de Tomás, encontrado em Hag Hammadi, no Egito, em 1945. Esse Evangelho nos fala, simplesmente, que todos possuímos uma centelha de Deus. Ele faz parte de um grupo de documentos denominados *gnósticos*, que representavam a opinião de um grupo de seguidores de Jesus. Ao longo da evolução do cristianismo primitivo, os Evangelhos gnósticos foram considerados sacrílegos, sendo oficializados apenas os quatro Evangelhos que constam das atuais edições do Novo Testamento. Segundo o Evangelho de Tomás, Jesus é Deus porque cada um de nós é Deus. Aliás, muitos dos temas gnósticos foram retomados, alguns séculos depois, pela Cabala, o movimento místico dos judeus na diáspora.

O fato é que Jesus nos ofereceu o *reino de Deus*. Mas o que era o reino de Deus? Uma mensagem contra a opressão social, o materialismo cultural e o domínio romano do primeiro século.

Suas imagens oferecem paz, boa vontade e a percepção de que os seres humanos são imperfeitos, mas, mesmo assim, podem contar com a ajuda de Deus.

Olhai os lírios do campo. Eles não tecem, nem fiam; e, no entanto, nem Salomão em toda a sua glória se vestiu como um deles.

Para mim esta é uma maneira muito linda e singela de nos dizer que Deus toma conta de nós.

Jesus considerava a frase do Levítico "Ama ao próximo como a ti mesmo" o segundo mais importante princípio do judaísmo, secundário apenas ao de amar a Deus. É curioso que Hilel tenha usado esse princípio em sua forma invertida, "O que não desejas para ti não o faças aos outros", mas é óbvio que o seu significado é exatamente o mesmo. Em algum momento da história esse princípio recebeu o nome de *regra de ouro*. É, talvez, o mais apregoado e o menos seguido de todos os princípios religiosos.

Tudo na vida de Jesus nos sugere que ele era um fariseu. Tendo crescido na Galiléia, é até possível que tenha sido discípulo de Hilel. Suas mensagens eram muito semelhantes. Os Evangelhos nos falam de suas constantes discussões com os fariseus, mas muito provavelmente esses trechos foram acrescentados mais tarde, quando os cristãos primitivos tentavam se afastar do judaísmo. Nos Atos dos Apóstolos, escritos por Lucas, há um momento em que os fariseus vêm em defesa de Jesus. Provavelmente esse trecho, baseado em algum texto mais antigo, escapou da censura. Além disso, como veremos adiante, foram os fariseus que protestaram violentamente quando Tiago, o irmão de Jesus, foi morto. Parece claro que as contendas descritas como tendo ocorrido entre Jesus e os fariseus foram, na realidade, disputas entre os fariseus e Paulo.

Indiscutivelmente, as palavras de Jesus, tanto seus sermões como suas parábolas, representam o pensamento judaico dos fariseus de seu tempo.

A MORTE DE JESUS

As atividades de Jesus na Palestina ocorreram quase exclusivamente em cidades pequenas. É curioso o seu comportamento itinerante; o habitual, na época, era abrir uma academia e esperar que os seguidores viessem procurá-la. Foi o que fez Tiago, após a morte de Jesus. Fixou-se em Jerusalém como o chefe dos seguidores judeus de Jesus. Mas Jesus e seus apóstolos estavam constantemente se deslocando para os mais diversos locais.

Mas em Pêssach Jesus foi a Jerusalém. E ao Templo. A sua violência com os mercadores do Templo é freqüentemente interpretada como uma indignação com sua mercantilização. Mas isso não é verdade. Essa área externa do Templo era exatamente destinada para esse fim. Os peregrinos vinham de longe e precisavam comprar, no Templo, os animais que tinham de ser sacrificados; era muito complicado transportá-los de suas aldeias longínquas.

O que Jesus fez foi, simbolicamente, *destruir* o Templo. E por isso ele foi preso.

Lembremos que o sumo sacerdote era um títere do governo de Roma. Naquele momento era Caifás quem exercia essa função, do ano 18 a 36. Esse foi o maior período de permanência de um sumo sacerdote em todo o século. Tal apoio dos romanos significava, simplesmente, que ele não tinha nenhuma voz ativa. E o procurador era Pôncio Pilatos, que governou de 26 a 36. Somente outro procurador, Valério Grato, permaneceu no poder mais tempo do que ele.

É claro que, em um período de grande aglomeração, como acontecia em Jerusalém na época da Páscoa judaica, as forças romanas vigiavam a cidade cuidadosamente, em particular o Templo.

Pôncio Pilatos aparece nos Evangelhos como tendo "lavado as mãos". Mas a informação histórica é de que ele era de uma crueldade absurda. Fílon de Alexandria o descreveu como "um homem inflexível, teimoso, cruel, venal, violento, desonesto e selvagemente feroz, dado a executar pessoas sem nenhum julgamento".

Ao contrário de outros procuradores, que buscavam respeitar a religião judaica, Pôncio Pilatos fez trazer para Jerusalém, de noite, para que os habitantes não as vissem, numerosas estátuas do Imperador, que era honrado pelos romanos como um deus. Os fariseus detestavam imagens e pediram a Pilatos que as retirasse. Quando ele se recusou a fazê-lo, acamparam em frente à sua casa e aí permaneceram durante cinco dias e cinco noites. Pilatos escondeu seus soldados no estádio e chamou os fariseus para uma audiência. Aí ameaçou matar a todos, se eles não aceitassem as estátuas. Eles todos preferiram morrer, e Pilatos, não querendo mandar assassinar tantas pessoas, foi obrigado a ceder.

Pilatos tinha particular preocupação com os chamados *profetas apocalípticos*, que ele considerava desestabilizadores da situação vigente. E, dentro do grupo de pessoas assim classificadas pelos romanos, Jesus era, provavelmente, o mais perigoso deles.

Assim, Jesus foi preso e crucificado por Pôncio Pilatos, com o objetivo de manter a *Pax Romana*, o conceito romano de paz que era, na verdade, uma simples manutenção do precário equilíbrio das regiões ocupadas. Não houve nenhuma participação dos judeus em sua morte. A acusação totalmente mentirosa, incluída nos Evangelhos, de que Jesus foi morto a pedido dos judeus, não tem qualquer base histórica, foi colocada apenas para agradar aos romanos. E foi, infelizmente, utilizada para perseguir os judeus ao longo da história. Os judeus não crucificavam pessoas; eram os romanos que o faziam.

A morte de Jesus fez os judeus se lembrarem dele com amor e compaixão, por ter sido tão trágica.

A ressurreição de Jesus certamente foi algo simbólico, como nos diz o Evangelho de Tomás. Seus discípulos o viram em seu coração, não como presença física.

TIAGO

Já vimos que Tiago se tornou o mais importante seguidor de Jesus, e em torno dele ficaram agrupados todos os apóstolos. Não sabemos quando é que Tiago estabeleceu-se em Jerusalém, se ele já se encontrava na cidade por ocasião da morte de Jesus ou se veio mais tarde. Nunca houve, nesse movimento, nenhuma sugestão de que Jesus era o Messias; esse conceito surgiu mais tarde, com Paulo de Tarso.

No ano 36, Pôncio Pilatos foi destituído do cargo de procurador, após crescentes queixas por suas crueldades. Vários outros se sucederam, até a chegada de Albino, que foi enviado por César em 62 e nomeou como sumo sacerdote um saduceu chamado Ananus, o Jovem. Esse imediatamente trouxe Tiago e outras pessoas diante do Sanhedrin e os acusou de transgressão das leis judaicas. E foram todos condenados à morte.

Foram mortos, segundo a tradição judaica, por apedrejamento. Assim também teria morrido Jesus se tivesse sido condenado por judeus.

Em conseqüência de seu ato, Ananus foi deposto do cargo de sumo sacerdote, por causa dos protestos "de outros cidadãos que eram cumpridores da lei", conforme nos conta Flávio Josefo. Sua permanência no cargo foi a mais curta de todos os sumos sacerdotes.

Somente os fariseus poderiam ser designados por essa frase do historiador. Isso nos mostra que Tiago tinha amigos importantes em Jerusalém, e a conclusão lógica é que também Tiago era um fariseu.

PAULO

Paulo de Tarso não chegou a conhecer Jesus, e era inimigo dos seus seguidores.

Um dia, contudo, viajando para Damasco, teve uma "visão" de Jesus, na qual esse lhe perguntou por que ele, Paulo, o perseguia. A partir desse momento, Paulo passou a divulgar a mensagem de Jesus, ou melhor, a sua visão da mensagem de Jesus. Sendo um viajante, falou de Jesus nos mais diversos pontos do império greco-romano. Embora fosse judeu durante toda a sua vida e nunca tenha tido a idéia de criar uma nova religião, Paulo foi, involuntariamente, o criador do cristianismo.

Paulo era um legítimo pregador apocalíptico. Mostrava-se absolutamente convencido de que o mundo estava por terminar, daí sua necessidade de converter o mais rápido possível o maior número de pessoas. E, justamente porque "não havia tempo", ele dispensou os novos convertidos da necessidade da circuncisão, algo que era extremamente importante para os judeus. Isso o fez ter numerosos atritos com Tiago, Pedro e outros apóstolos, que não aceitavam prescindir das normas judaicas.

Foi Paulo quem transformou Jesus no Messias. Sua doutrina religiosa — um tanto confusa, mas plena de êxtases — teve indubitável apelo universal. Além disso, ele pregava em grego, não em aramaico, e assim pôde atingir uma população muito maior do que aquela com que Jesus teve contato.

Quando os seus "convertidos" ficaram isolados, em função da destruição de Jerusalém, surgiu o cristianismo.

A DESTRUIÇÃO DE JERUSALÉM

Por volta do ano 70 E.C. as crueldades romanas chegaram a um ponto em que a maioria dos judeus resolveu apoiar os zelotes e declarar guerra contra os romanos.

Muitos o fizeram relutantemente. A Academia de Hilel se opôs à guerra e os fariseus a tentaram impedir, mas a maioria apoiava os zelotes. Esses, por sua vez, mataram os líderes fariseus.

Nas primeiras batalhas os judeus conquistaram importantes vitórias. Mas o general romano Vespasiano reagrupou suas forças e ordenou a vinda, do Egito, de mais legiões romanas, comandadas por seu filho Tito. Juntos, Vespasiano e Tito foram retomando, uma a uma, as cidades da Galiléia e do norte da Judéia.

Foi nessa ocasião que o historiador Flávio Josefo, que era um aristocrata, decidiu que a situação era desesperadora e passou para o lado dos romanos. Até hoje muitos o consideram um traidor. Mas nunca, em seus escritos, ele deixou de exaltar a coragem e a dignidade do povo judeu, e sempre o defendeu contra os ataques anti-semitas.

Os zelotes se refugiaram, então, em Jerusalém. Os fariseus os deixaram entrar, mas logo em seguida foram assassinados pelos invasores. Os sicários, excluídos por muito tempo do controle do Templo, escalaram suas paredes, mataram os sacerdotes levitas, que o guardavam, e nomearam um novo sumo sacerdote. Na sua fúria desesperada, os sicários incendiaram os depósitos de alimentos, impedindo, assim, que Jerusalém pudesse permanecer mais tempo sitiada. Alguns habitantes conseguiram fugir, mas a maioria ficou refém dos sicários.

Ao ver a matança no Templo, os zelotes mais moderados se revoltaram contra os sicários. Os samaritanos, que eram também moderados, entraram na cidade para os ajudar, mas os sicários chamaram os idumeus para os auxiliar. E assim Jerusalém se tornou uma carnificina.

Vespasiano teve de voltar a Roma para assumir o trono, em virtude da morte do imperador Vitélio, deixando a campanha para Tito. Este, pacientemente, cercou a cidade com um muro de madeira, cortando, para isso, quase todas as árvores da região, modificando permanentemente a ecologia da Palestina. Todas as cidades e vilas da Judéia foram então queimadas.

Por fim, Tito invadiu Jerusalém. A cidade já estava morta; ele a tomou com grande facilidade, destruindo o que restava, inclusive o Templo. Entretanto, Eleazar, o líder dos sicários, conseguiu levar um grupo de pessoas para Massada. Eles resistiram heroicamente durante três anos. Mas os romanos finalmente invadiram a fortaleza e eles todos cometeram suicídio. Uma última tentativa de rebelião foi liderada por Shimon bar Kochba no ano 133. Ao contrário da luta do ano 70, essa foi uma revolução digna, uma luta pela sobrevivência dos judeus na Palestina, perseguidos pelos romanos. Bar Kochba era o tipo de líder militar que os judeus acreditavam que o Messias deveria ser, e até mesmo o Rabi Akiva, grande sábio, achou que ele era o Messias. A campanha durou três anos, mas foi massacrada pelos romanos, que proibiram a entrada de judeus em Jerusalém. Rabi Akiva e outros mestres que haviam apoiado Bar Kochba foram torturados e mortos.

E assim acabou a experiência judaica na Terra Prometida. É verdade que alguns judeus lá permaneceram — até hoje existem descendentes de famílias que nunca deixaram a Palestina —, mas a imensa maioria se dispersou para outras terras.

Com o Templo em cinzas, os rabinos fariseus se tornaram os líderes judaicos, pois somente eles ofereciam uma religião que não dependia da existência do Templo. Durante o intervalo de paz entre os judeus e os cristãos, milhares de pagãos aderiram ao judaísmo, aceitando a circuncisão. Muito provavelmente o judaísmo se tornaria a principal religião européia se não fosse o advento do cristianismo. Basta dizer que um décimo da população dos países mediterrâneos era constituída por judeus.

O DESENVOLVIMENTO DO CRISTIANISMO

Precisamos recordar que os primeiros cristãos eram judeus, e foi provavelmente durante o tempo em que faziam parte da comunidade judaica que eles mais seguiram os ensinamentos de Jesus.

Na verdade, tanto os judeus como os cristãos primitivos, que tinham pouco contato com os judeus, passaram a ser perseguidos. Os imperadores romanos queriam ser deuses e se ressentiam daqueles habitantes de suas colônias que não os tratavam como deuses e não faziam sacrifícios a eles.

No ano 49 o imperador Cláudio expulsou os judeus de Roma porque eles estavam causando uma série de problemas instigados por Chrestus (uma interpretação errônea da palavra *Cristo*). Essa observação de Suetônio nos mostra claramente que os primitivos cristãos eram judeus.

Com o correr do tempo, o centro dos seguidores de Jesus que só falavam o grego passou a ser Antioquia, na Síria. Foi aí que surgiu a palavra *cristão* — uma palavra grega para um conceito helenístico.

Mas foi em Éfeso — importante centro comercial por onde passavam todas as rotas — que o cristianismo despontou como uma nova religião. E ali o desafio dos seguidores de Jesus não foi o judaísmo, foram os deuses da região.

Havia em Éfeso um grande templo de Ártemis, irmã de Apolo, que os romanos chamaram de Diana. Mas a Ártemis de Éfeso não era a virgem que vemos usualmente representada. Era uma deusa da fertilidade, com múltiplos seios, que simbolizavam enorme quantidade de nutrição "espiritual". Os sacerdotes do Templo eram eunucos. O festival de Ártemis em Éfeso, que se realizava todos os anos, durava um mês inteiro.

Quando a região adotou o cristianismo, o culto à deusa se transformou no culto a Maria, a mãe de Jesus. Os sacerdotes do Templo, que se tornaram celibatários cristãos, inventaram diversas lendas de que a Virgem Maria viera a Éfeso escoltada por João, ou por Lucas.

Durante três séculos os "cristãos" seguiram os ensinamentos de Jesus, cada um à sua maneira. Eram um grupo humano considerado um tanto estranho para os padrões da época. No século II houve uma séria epidemia de peste que se alastrou por todo o Império Romano, matando um terço, ou talvez metade, de seus habitantes. Quando alguém aparecia com pústulas na pele, a família inteira fugia. Bem como os médicos. Galeno, o mais famoso médico da época, responsável pela família do imperador Marco Aurélio, fugiu, também, para uma propriedade rural, onde ficou até a epidemia cessar. Mas os cristãos permaneceram cuidando dos enfermos, convencidos de que Deus lhes reservara essa função. E achavam que, se a morte os atingisse, eles ressuscitariam, como afirmara Paulo. "Estes cristãos", escreveu Galeno, "desprezam a morte... é impressionante a sua autodisciplina em atividades sexuais, na sua alimentação, na sua luta pela justiça... eles atingiram um nível igual ao dos verdadeiros filósofos."

Houve, é claro, sentimentos cristãos diversos, e já no século II começaram a surgir discussões entre os gnósticos, que se identificavam misticamente com Jesus, e os ortodoxos, que seguiam Paulo e João.

No século IV o imperador Constantino oficializou o cristianismo ortodoxo como a religião oficial do Império Romano. As conseqüências desse ato foram muitas: o gnosticismo foi banido como sacrílego; todos os Evangelhos foram rejeitados como apócrifos, com exceção dos quatro que constam do Novo Testamento; foram estabelecidos dogmas de fé que precisavam ser seguidos, e a Igreja católica Romana se tornou uma grande força política.

Foi nessa época que Jesus passou a ser o filho de Deus.

E foi quando surgiu, entre os cristãos, o anti-semitismo.

CAPÍTULO VII
A DIÁSPORA

A palavra grega *diáspora* significa "dispersão". Ou seja, ela se refere aos judeus que não vivem em seu país. Tem o mesmo significado da palavra hebraica *galut*. Na verdade, a diáspora começou no século VI a.E.C., mas era constituída por um número relativamente pequeno de pessoas. A primeira grande diáspora foi o exílio na Babilônia.

Depois da destruição total de Jerusalém por ocasião da revolta de Bar Kochba, que se estendeu de 132 a 135 E.C., a diáspora passou a representar a quase totalidade do povo judeu, que ficou sem país.

Não existe nenhum outro exemplo, na história, de um povo que se tenha dispersado e não tenha sido absorvido pelas populações locais. O usual é a integração aos costumes e, muitas vezes, até à religião do país em que se encontram. É difícil compreender como essas pessoas, espalhadas pelos quatro cantos do mundo, sem pátria, sem uma língua comum, puderam manter a sua identidade ao longo de dois mil anos. E mantiveram não só a sua religião, mas também o seu espírito comunitário: um judeu de uma comunidade era imediatamente aceito por outra a milhares de quilômetros de distância e essa o ajudava a se integrar.

Comentarei, neste capítulo, as principais migrações judaicas e os acontecimentos que as envolveram, nas diversas regiões da Europa e nas Américas. Mas antes direi algumas palavras sobre os acontecimentos no Oriente Médio após a destruição de Jerusalém.

O TALMUDE

A Galiléia continuou a ser uma terra de judeus durante algum tempo após a destruição de Jerusalém, e logo as academias rabínicas foram reorganizadas.

Na segunda metade do século II e início do século III, na Galiléia, Iehuda Hanassi, patriarca da Judéia (um título que o fazia representante dos judeus perante Roma, mas não lhe conferia nenhum poder), redigiu a *Mishná*, onde pela primeira vez foi escrita a *Halachá*, o código das leis que regem o judaísmo. A *Mishná* inclui, também, uma coletânea da "tradição oral" e se tornou a base da tradição haláchica.

Um grupo de rabinos, com base na *Mishná*, elaborou o *Talmud Ierushalmi*, o Talmude de Jerusalém. Ele não foi, realmente, escrito em Jerusalém, pois o imperador Adriano proibira os judeus de entrar na cidade, mas foi escrito na Judéia, tendo sido publicado ao redor do ano 400.

Um dos discípulos de Iehuda Hanassi, Aba, o Alto, que ficou conhecido como Rav, fundou em Sura, na Mesopotâmia, uma academia que durou 800 anos. Outras academias surgiram nessa área, e elas foram se alternando, em virtude de perseguições, para conduzir um grande projeto, o do *Talmud Bavli*, o Talmude da Babilônia, publicado cerca de cem anos depois do de Jerusalém.

Existem diferenças entre o *Talmud Bavli* e o *Ierushalmi*. O primeiro, muito mais extenso e completo, se preocupa em justificar o texto original da *Mishná*, explicando as diferenças e dificuldades de interpretação nos escritos por possíveis lacunas do original. Já o *Ierushalmi* alterou vários dos textos da *Mishná*, muitas vezes sem razão aparente.

Cerca de um terço do *Bavli* e um sexto do *Ierushalmi* constam de contos, mitos, provérbios, medicina, astrologia, poesia, enfim, tudo aquilo que eles acharam conveniente incluir e que constitui a parte do Talmude denominada *Agadá*.

O Talmude é um grande tratado de leis, de filosofia religiosa e de histórias do povo judeu. Ao longo dos anos, diversos comentários lhe foram acrescentados. Também inúmeros foram os seus exemplares queimados durante as perseguições aos judeus, pois o Talmude era considerado um texto anticristão.

As migrações judaicas

A Judéia e a Mesopotâmia, ao longo dos anos, foram submetidas a invasões e se tornaram politicamente instáveis, o que fez muitos judeus emigrarem para outras regiões.

Antes de descrever as migrações judaicas, precisamos analisar o que acontecia com o cristianismo na Idade Média.

A Igreja católica

Ao se tornar a religião oficial de Roma, com o édito do imperador Constantino, a Igreja católica realizou, no ano 325, na cidade de Nicéia, um Concílio Ecumênico. Esse Concílio "oficializou" a doutrina cristã, tornando dissidentes todos os que se recusassem a acreditar em um só de seus postulados. A fé foi definida pelo Credo Niceno.

Para as pessoas que se desviassem da doutrina da Igreja, era feita uma tentativa de enquadrá-las; a resistência dava origem a perseguições. Surgiu, nessa ocasião, o conceito de *herege*, aquele que não professava a fé oficial. A palavra *heresia* significa "grupo", ou seita, mas *herege* passou a significar "não-cristão". Inclusive os cristãos gnósticos eram considerados hereges e foram perseguidos. Ao contrário do judaísmo, do budismo etc., a Igreja católica agora tinha um poder central totalmente dominante.

Esse poder central promoveu a teologia da *substituição do Antigo Testamento pelo Novo*, postulando que, com a vinda de Jesus, estabeleceu-se uma nova "aliança" que substituiu a primeira, tornando-a obsoleta. Os sacerdotes diziam, do púlpito, principalmente durante a Idade Média e o Renascimento, que os judeus haviam escolhido continuar com uma religião que eles sabiam ser falsa, *pelo simples desejo de ofender a Deus*.

E assim nasceu uma hostilidade crescente entre a Igreja católica e o judaísmo, que incluiu toda espécie de barbáries.

Surgiu a noção, entre os cristãos, de que os judeus (ou pelo menos alguns deles) tinham poderes mágicos, e de que eles haviam adquirido esses poderes por meio de acordos com o Diabo.

Há uma sensível diferença entre o cristianismo e o judaísmo no que diz respeito ao bem e ao mal. O poder do Diabo provavelmente adveio do zoroastrismo, no qual existe uma permanente contenda entre o bem e o mal. É difícil imaginar um Deus todo-poderoso que permite que um anjo se torne inimigo e adquira tanto poder. Mas Lúcifer era conveniente para impor medo às pessoas. Os atuais teólogos católicos assumiram que Deus é amor e dão pouca importância ao Diabo, mas essa é uma posição recente.

A figura do Diabo existe no judaísmo, mas não tem a mesma força que no cristianismo. O judaísmo considera que cada um de nós possui um *ietszer hará*, o princípio da individualidade, e um *ietszer hatov*, o princípio da interdependência e da harmonia. A mente humana contém ambas as inclinações e precisa usar cada uma delas para equilibrar a outra.

Mas os cristãos foram levados a acreditar que a prática religiosa dos judeus incluía "atos satânicos", como beber o sangue de uma criança como forma de eucaristia, usar esse sangue para preparar a *matzá* — o pão ázimo — na época de Pêssach ou "torturar" hóstias consagradas como forma de "recrucificar" Jesus. Os papas nunca afirmaram que essas crenças eram verdadeiras, mas não se preocuparam em desmenti-las.

Essas crenças levaram a múltiplas perseguições. Durante as representações do julgamento e da morte de Jesus, na época da Páscoa, o ódio aos judeus atingia seu mais alto nível, por terem sido coletivamente culpados de deicídio, ou seja, de assassinar Deus.

A Igreja católica pregou, *até 1965*, que "os judeus malvados" eram os responsáveis pela morte de Jesus. Até hoje existem algumas seitas protestantes que continuam professando esse ensinamento. Essa doutrina só foi repudiada pelo catolicismo por ocasião do Concílio Vaticano II, uma das muitas realizações do papa João XXIII pela humanização da Igreja católica.

A SOBREVIVÊNCIA DOS JUDEUS

Os judeus foram proibidos, pela Igreja católica, de possuir terras ou se envolver em atividades agrícolas. Conseqüentemente, tornaram-se comerciantes e banqueiros. Dentro dos guetos em que foram obrigados a residir, contudo, havia todos os serviços necessários à pequena comunidade: açougueiros, sapateiros, alfaiates, fabricantes de utensílios de cobre e ouro, marceneiros. Outra profissão em que os judeus se desenvolveram de forma extraordinária foi a medicina.

Existe um conceito anti-semita de que os judeus sobreviveram emprestando dinheiro. Eles o faziam, mas os católicos desempenharam essa mesma atividade de forma bem mais intensa. Alguns alegam que os católicos não podiam emprestar dinheiro por causa do "pecado da usura".

Sim, a usura era pecado, mas as pessoas sempre cometeram todos os tipos de pecados, e muitos incorreram, também, no da usura. Os banqueiros judeus, contudo, eram extremamente éticos e cobravam juros menores, tornando-se gradativamente mais importantes.

Mas o que fez os judeus da diáspora sobreviverem na Idade Média foi sua capacidade de manter suas rotas comerciais. Os judeus da Babilônia mantinham seus laços comerciais com a Índia e a China, e os da Europa comerciavam com eles. Ao longo do tempo essa rede comercial foi destruída pelas Cruzadas.

O ADVENTO DO ISLAMISMO

No começo do século VII Maomé criou o islamismo.

Maomé fugiu de Meca, sua cidade natal, refugiando-se em Iatrib (hoje Medina), que ficava cerca de 500 km ao norte. Rapidamente conquistou os árabes locais e muitas das tribos de beduínos da península arábica e voltou triunfantemente para Meca.

Maomé esperava que os judeus o reconhecessem como verdadeiro profeta, herdeiro de Moisés. Ele é o autor do Alcorão*

---

* Nos últimos tempos há uma tendência de dizer Corão, em vez de Alcorão, por ser o prefixo *al*, na língua árabe, um artigo. O estudo da gramática histórica nos mostra, contudo, que todas as palavras árabes, ao passarem para o português, vieram com o artigo incorporado: alfândega, alfaiate, alfazema e tantas outras. Essa regra não pode ser modificada no caso da palavra Alcorão. (N. do A.)

e o considerava superior à Torá e aos Evangelhos. Era a revelação de Deus em sua forma mais pura e completa, restaurando o monoteísmo do primeiro muçulmano, Abraão.

Como os cristãos e os judeus não concordassem com seus pontos de vista, Maomé guerreou contra eles incessantemente, o mesmo acontecendo com os califas que o sucederam após sua morte, no ano 632. A Síria, a Palestina, o Egito, o Iraque e a Pérsia foram logo ocupados pelos exércitos muçulmanos, vindo a seguir a Península Ibérica.

O Alcorão se tornou, para os muçulmanos, o que é a Bíblia para os judeus, e eruditos e juízes islâmicos passaram a desempenhar a função dos rabinos.

Como os conquistadores árabes tinham de lidar com povos de diferentes religiões, foi redigido o *pacto de Omar*, que regulamentava o comportamento dos judeus e dos cristãos nos locais em que os muçulmanos governavam. O relacionamento entre os judeus e os muçulmanos, ao longo da Idade Média, foi quase sempre pacífico.

O poder muçulmano dividiu o mundo em dois e se interpôs entre os cristãos, de um lado, e os budistas e hinduístas, do outro. Isso permitiu a expansão do comércio desde o oceano Atlântico até a Índia, o que estimulou a urbanização dos judeus. Os mercadores e banqueiros judeus estabeleceram uma rede de contatos nas cidades muçulmanas. O árabe se tornou a língua franca nos territórios conquistados, sendo utilizado tanto para a literatura religiosa islâmica como para a ciência e a filosofia. O florescimento do árabe estimulou o renascimento do hebraico e deu origem ao dialeto judeo-árabe.

Nos primeiros séculos do domínio islâmico a liderança da diáspora ficou na Babilônia, onde havia um *exilarca*, reconhecido pelo califa como o representante dos judeus. Abaixo do exilarca vinham os chefes de duas grandes academias, Sura e Pumbedita, os quais tinham o título de *gaon*, que designa excelência ou genialidade.

SEFARADIM E ASHKENAZIM

A diáspora judaica incluiu grupos populacionais nas mais diversas áreas do mundo, como China, Japão, Índia, Pérsia, Egito etc.

No mundo judaico de hoje, contudo, despontam dois grupos principais: os judeus *sefaradim* e os judeus *ashkenazim*. A palavra *Sepharad* designa, na Bíblia, uma região. Ninguém sabe, contudo, a que local a denominação se refere. A palavra *sefaradim* é utilizada, atualmente, para designar os judeus cujos ancestrais vieram da Espanha ou de Portugal. *Ashkenaz* é também um toponímico bíblico, posteriormente utilizado para designar a Alemanha.

AS CRUZADAS

Os judeus não foram as únicas vítimas dos cristãos.

Após a morte de Francisco de Assis, um santo católico que fez voto de pobreza, inspirado pela pobreza de Jesus, muitos dos sacerdotes da sua ordem, os franciscanos, foram perseguidos e mortos pela Igreja católica, à qual a abnegação não interessava.

Com o pretexto de "salvar Jerusalém dos infiéis", o papa Urbano, em 1096, promoveu a primeira Cruzada. Urbano era um oportunista, e a Cruzada o ajudou a resolver alguns de seus problemas de política européia. Ele persuadiu cavaleiros de diversos países da Europa a participar das Cruzadas, afirmando que os muçulmanos estavam roubando e torturando os peregrinos cristãos. E lhes disse, também, que a guerra lhes daria glória e riqueza.

As Cruzadas tinham por trás de sua motivação religiosa um objetivo econômico. Os senhores feudais franceses e italianos, com os construtores de navios e banqueiros de toda a Europa, acreditavam que as forças unidas da Inglaterra, França, Alemanha e Itália teriam condições de quebrar o monopólio muçulmano do comércio do Levante, destruindo, por extensão, os acordos comerciais entre judeus e muçulmanos e o comércio dos judeus na Europa. Por isso a primeira Cruzada foi realmente dirigida contra os judeus, e não contra os muçulmanos.

A Igreja ficou dividida. Muitos bispos católicos aderiram às Cruzadas e pregaram o ódio aos infiéis, tanto judeus como muçulmanos. Outros bispos levaram judeus para suas casas e os protegeram, e alguns foram mortos com eles.

Os cavaleiros, apesar de professarem seu ódio aos judeus, aceitavam "dinheiro de proteção" para deixá-los vivos, e assim se enriqueceram com as Cruzadas.

As Cruzadas foram oito, sendo a última em 1270. Em 1099 os cruzados ocuparam Jerusalém e mataram todos os muçulmanos, judeus e caraítas que conseguiram encontrar. Os caraítas são um grupo que surgiu na Pérsia no século VIII e aceitava apenas a Torá, ou seja, o Pentateuco, rejeitando a Lei Oral dos fariseus. Até hoje existe, em Israel, um pequeno número deles.

Em sua fúria sanguinária, os cruzados mataram também muitos cristãos, o que acabou causando a separação entre a Igreja Romana e a Igreja Ortodoxa. Na verdade, na quarta Cruzada, Constantinopla, que era uma cidade cristã, foi saqueada. Foram sugeridas razões "religiosas" para o cisma, mas as verdadeiras causas foram políticas.

Os Sefaradim

Houve colônias judaicas na Espanha pelo menos desde o ano 700 a.E.C., e na época do exílio da Babilônia outros fugiram do cativeiro rumo à Espanha.

Os espanhóis tinham as características dos povos do Mediterrâneo, mas se compunham de múltiplas tribos que falavam várias línguas. Tinham grande influência de Cartago, que provavelmente corresponde à cidade de Társis, mencionada na história de Jonas. Os habitantes de Cartago eram fenícios, que navegavam por todo o Mediterrâneo. Mais tarde os romanos destruíram Cartago e ocuparam a Espanha, latinizando-a.

Os visigodos, contudo, conquistaram a Espanha e o norte da África. Eles consideravam os judeus cidadãos importantes e os tratavam com estima e respeito. No início os visigodos não eram católicos, seguiam a chamada *heresia ariana*, um tipo de cristianismo com grande influência judaica, que não respeitava a autoridade do papa e negava a divindade de Jesus. Os judeus e os visigodos viveram em paz durante muitos anos.

Mas no ano 589 os visigodos adotaram o catolicismo e em 612 o Concílio realizado em Toledo promulgou o anti-semitismo. Durante cem anos os judeus foram violentamente perseguidos e as sinagogas foram destruídas e queimadas. A prática do judaísmo foi proibida, sob pena de morte, uma medida considerada necessária pela Igreja em virtude da grande influência dos judeus na população.

Em 711 os muçulmanos invadiram e conquistaram Portugal e o sul da Espanha. Essa foi a chamada era de ouro do judaísmo na Espanha. Durante 300 anos os judeus viveram tranqüilos. Reconstruíram suas sinagogas e deram aos espanhóis o melhor da arte e da ciência. Praticaram a melhor medicina do mundo daquela época. Eles sabiam grego e latim e traduziram para o árabe todo o conhecimento médico existente. Criaram sistemas de purificar a água, construíram esgotos e fizeram da Espanha o centro do comércio da seda com a China.

Um dialeto espanhol dessa época, o *ladino*, estabeleceu-se como a língua judaica ao longo do Mediterrâneo, desde a Espanha até a Turquia. É importante assinalar que poucas pessoas, na Idade Média, sabiam ler e escrever. Entre os católicos, muitos reis eram analfabetos, somente os sacerdotes eram alfabetizados. Mas os judeus sabiam escrever, e o ladino era escrito com caracteres judaicos, o que fez a língua manter-se viva até hoje.

Um dos mais importantes médicos dessa época foi Maimônides. Esta palavra é uma versão grega de seu nome hebraico, Moshe ben Maimon. Ele nasceu em Córdoba em 1135. Mas a sua atividade como médico ocorreu em Marrocos e no Egito, pois em 1136 a Espanha foi invadida por muçulmanos fanáticos, os almôadas, que exigiam de seus súditos a conversão ao islamismo ou morte. O pai de Maimônides conseguiu fugir, de navio, com sua família. Mas nem todos o puderam fazer.

Maimônides se tornou o médico pessoal do sultão do Egito, uma posição que lhe conferiu imenso prestígio. Escreveu extensamente em hebraico e em árabe, e procurou harmonizar as culturas judaica e grega em um extenso trabalho no qual se baseou Tomás de Aquino para harmonizar a filosofia grega com o cristianismo.

Por ocasião da invasão dos almôadas, contudo, os reis de Portugal e do norte da Espanha, que eram cristãos, mas conheciam a atuação dos judeus, os fizeram saber que seriam bem-vindos a seus reinos. Milhares fugiram para esses países, onde foram inicialmente bem recebidos.

A INQUISIÇÃO

Em 1231 o papa Gregório IX criou a Inquisição. Em uns poucos países ela foi branda, mas em outros foi extremamente cruel. Na Espanha, e em suas colônias, a Inquisição atingiu o máximo de sua crueldade.

A Ordem dos Dominicanos, à qual foi atribuído o controle da Inquisição, decidiu impedir a colaboração entre os judeus e os cristãos espanhóis, realizando uma violenta campanha para persuadir os cristãos a perseguir e matar os judeus que não quisessem ser batizados. A partir do final do século XII os hereges passaram a ser queimados em fogueiras. Em 1252 o papa Inocêncio IV autorizou o uso da tortura nos interrogatórios e julgamentos.

O período de 1390 a 1410 talvez tenha sido a época em que maior número de judeus (as estimativas variam entre 150 e 300 mil pessoas) aceitou o batismo. É importante assinalar que eles não viviam em guetos e vestiam roupas comuns. Trabalhavam lado a lado com os cristãos. Juntos, participaram das lutas para expulsar os muçulmanos da Espanha. E o mais importante é que, em casa, continuaram sendo judeus. A grande maioria converteu-se apenas por conveniência. Alguns cristãos os chamavam de *marranos* — porcos — pelo fato de, secretamente, continuarem judeus.

E eles foram, gradativamente, se tornando ricos e importantes. E a Igreja os detestava.

Nessa época, a Espanha começou a emergir do sistema feudal, com a formação do reino de Castela e Aragão, e precisava de dinheiro para financiar a luta contra os muçulmanos. Surgiu um plano. Os soberanos entraram em acordo com os dominicanos para julgar pequeno número de judeus proeminentes e acusá-los de praticar secretamente o judaísmo. Foram considerados culpados e condenados a morrer na fogueira. E suas riquezas foram divididas entre a Coroa e a Igreja. O método, iniciado em 1478, a princípio foi utilizado com moderação, mas funcionou tão bem que logo se generalizou. A Espanha tornou-se um país de terror. Em dez anos desapareceram toda a cultura, arte e ciência judaicas. Os que não foram mortos fugiram de navio para o norte da África ou para a Holanda; outros fugiram a pé para a região muçulmana, ao sul, ou atravessaram os Pirineus.

Mas a Inquisição não tinha poder para julgar os judeus, somente os que haviam se "convertido". Por isso, em 1492, no mesmo ano da descoberta da América por Colombo, a rainha Isabel expulsou todos os judeus da Espanha. Havia, nessa ocasião, na Espanha, cerca de 150 mil judeus, que foram para a Holanda, para o Brasil, para o norte da África e para a Grécia e a Turquia, que pertenciam, então, ao Império Otomano. O ladino foi levado a muitas das regiões onde esses judeus se instalaram.

Em 1497 os judeus foram também expulsos de Portugal. Mas esse decreto real teve um efeito muito diferente da expulsão na Espanha. O rei Manuel I queria "extirpar" o judaísmo, mas não desejava perder os súditos judeus, que considerava de grande importância para o país. Por isso os forçou a serem todos batizados, mas não os deixou partir. Para permitir que eles "se adaptassem" à fé cristã, emitiu um decreto proibindo que eles fossem perseguidos por motivos religiosos durante vinte anos. Esse período foi depois estendido até 1534. Gradativamente, por influência da Espanha, as condições se deterioraram e muitos judeus fugiram para a Holanda ou, como "cristãos-novos", para o Brasil.

A CABALA

Não se sabe quando surgiu a Cabala, o grande movimento místico do judaísmo. É muito possível que já existisse no tempo de Hilel e dos fariseus, ou talvez tenha se originado na Babilônia. Há grandes semelhanças entre a Cabala e o budismo mahaiana, e também com o movimento gnóstico dos primeiros cristãos. A palavra significa "a tradição que se recebe" e é também designada pelas palavras hebraicas *chochmá nistará*, a sabedoria oculta. Pesquisar a história da Cabala é difícil, porque os cabalistas a consideram originária dos diálogos de Deus com Moisés.

O livro mais importante da Cabala é o *Zohar*, o "livro do esplendor", coleção de tratados sobre Deus, anjos, almas e o cosmo. São ensinamentos esotéricos, atribuídos ao Rabi Shimon Bar Iochai, que viveu ao redor do ano 160. Diz a tradição que Iochai registrou os ensinamentos místicos que aprendeu do profeta Eliahu durante os anos em que permaneceu escondido em uma gruta, perseguido pelos romanos.

Mas o livro só foi publicado em Guadalajara, na Espanha, por volta de 1290, por iniciativa do Rabi Moses de Leon, que dizia ter recebido da Palestina, de um rabino famoso, o Rabi Nachmânides, o manuscrito de Rabi Iochai. Esse manuscrito nunca foi encontrado. Segundo a viúva do Rabi Moses, o manuscrito nunca existiu; seu marido teria escrito o *Zohar* e a alusão ao Rabi Iochai como autor fora uma forma de aumentar o prestígio da publicação, que contém muito da cultura judaica da Espanha.

A Cabala é um fenômeno único, por reunir, ao mesmo tempo, misticismo, esoterismo, teosofia e, até certo ponto, magia. Ela estuda os atributos de Deus, a natureza do universo e o destino do homem.

> A cada dia, um raio da Luz atinge o mundo e mantém todas as coisas vivas, porque é com essa Luz que o Abençoado Divino alimenta o universo. Essa luz nunca nos foi revelada de forma completa, mas desempenha um papel vital no nosso mundo, renovando, a cada dia, o ato da Criação. (Zohar)

O fato é que a Cabala se desenvolveu extraordinariamente na Espanha e no sul da França, sobretudo no século XIII. É fácil compreender como as perseguições que os judeus sofreram os levaram a se interessar por aspectos místicos e esotéricos do judaísmo.

O interesse pela Cabala ao longo dos anos foi muito variável. Nos séculos XVIII e XIX ela ficou praticamente adstrita aos judeus ortodoxos, mas nos últimos anos ela ressurgiu com grande impacto, passando a ser estudada por grande número de pessoas, tanto judeus como seguidores de outras religiões.

Os Ashkenazim

Outro grupo de judeus se estabeleceu inicialmente na Itália. Na verdade, existiram judeus em Roma desde o ano 138 a.E.C., e essa comunidade se manteve ininterruptamente até hoje.

Até o século X eles se locomoveram livremente por toda a Itália, que naquele tempo era constituída de diversos pequenos países independentes. Na Sicília os judeus se deram muito bem durante as conquistas dos *vikings* e dos normandos. Na verdade, os judeus sempre comerciaram com os *vikings*, e por isso não é surpresa que o sábado, nos países escandinavos, tenha o nome de *Lördag*, o dia do Senhor. Mas em 1492, imitando os espanhóis, a Sicília expulsou todos os judeus. O comércio da ilha desapareceu e ela ficou condenada ao isolamento.

Em Roma os judeus ficaram melhor, porque os papas os protegiam, proibindo qualquer interferência no seu trabalho ou nos seus serviços religiosos. Existem evidências históricas de que a selvageria da Inquisição espanhola causou grande angústia a muitos dos papas; infelizmente, essa angústia não foi suficiente para que eles interviessem na Ordem dos Dominicanos.

Em Veneza, importante centro comercial, os judeus eram temidos e odiados, por monopolizarem o comércio de seda com a China e competirem intensamente com os comerciantes venezianos.

Em 1509 os alemães atacaram Veneza. Os judeus fizeram um apelo aos venezianos para que os deixassem ficar dentro das muralhas da cidade. Embora estes não gostassem dos judeus, possuíam um senso de misericórdia e tinham ainda mais ódio aos alemães. Por isso permitiram que os judeus se instalassem em uma fundição. A palavra para fundição, em italiano, é *ghetto*. Logo a tradição de segregar e confinar os judeus em uma parte da cidade foi imitada em vários locais da Europa.

Em 1541 os judeus do reino de Nápoles foram todos expulsos, e até hoje existem pouquíssimos judeus na cidade. Em 1555 o papa Paulo IV, seguindo o exemplo de Veneza e de diversas cidades alemãs, confinou os judeus a um gueto e emitiu uma bula papal que extinguiu a proteção aos judeus. E esses passaram a ser perseguidos, embora não tão intensamente como em Portugal e na Espanha.

* * *

A partir da Itália, utilizando as estradas romanas, muitos judeus se dirigiram à França e à Alemanha. Eles eram mercadores e iam para onde havia mercados, viajando com as legiões romanas. No século V havia comunidades judaicas e sinagogas nas áreas que hoje correspondem à França, Bélgica, Alemanha e Suíça.

Não sabemos muito sobre os primeiros judeus na Alemanha, mas no século VIII eles habitavam várias cidades ao longo do Reno. Não existia, nessa época, um Estado alemão integrado. Havia diversas tribos, que lutavam umas com as outras pela posse das terras. Mais tarde elas criaram uma confederação que, embora parte do Império Romano, tinha um governo quase autônomo.

Gradativamente a Igreja católica atingiu essas regiões, mas durante muito tempo seu poder não foi suficiente para convencer os reis desses territórios de que os judeus precisavam ser destruídos. Carlos Magno, cujo longo reinado se estendeu de 768 a 814, valorizava os judeus e se aconselhava com eles. Ele quis ter uma embaixada junto ao califa Hárun Al Rashid, em Bagdá, e seus embaixadores foram judeus. Com isso, a população judaica aumentou em número e riqueza durante esses anos.

Mas depois de Carlos Magno vieram as Cruzadas e o recrudescimento do anti-semitismo. O comércio dos judeus foi totalmente destruído pelos cruzados e muitos dos judeus da Alemanha fugiram para a Polônia e para a Rússia.

A convite dos reis normandos, os judeus estabeleceram comunidades, também, na Inglaterra. Em 1290, porém, a situação econômica da Inglaterra se tornou caótica e os banqueiros judeus foram expulsos e seus bens, roubados.

A partir da Grécia surgiram comunidades na Hungria, Bessarábia, Polônia, Lituânia e Rússia. Os judeus estavam sempre nas fronteiras da opressão, fugindo para os locais onde o antisemitismo era menos agressivo.

Uma nova língua surgiu nessas regiões, que se tornou a "língua franca" dos judeus *ashkenazim*. Como o ladino, o ídiche se baseou em um dialeto antigo da região, mas, como se tratava de uma língua germânica primitiva, aos poucos foram acrescentadas palavras das antigas línguas francesa e italiana e a estrutura filosófica e religiosa do hebraico.

Por ter se espalhado por quase toda a Europa e por ser escrito em caracteres hebraicos, o ídiche se mantém vivo até os dias de hoje. Da Europa atingiu as Américas, pois era a língua da grande maioria dos judeus que emigraram para o Novo Mundo. Até o século XX a literatura em ídiche foi extremamente importante, passando a ser gradativamente menos utilizada em virtude da adoção do hebraico como língua oficial do Estado de Israel.

* * *

Após as Cruzadas a vida dos judeus na Europa mudou radicalmente e, mesmo antes da generalização dos guetos, eles ficaram isolados. Suas redes de comércio foram destruídas pelos cruzados, que também afundaram todos os navios de carga dos judeus.

O mesmo panorama de perseguição continuou por muitos e muitos anos.

É preciso dizer, contudo, que a população de judeus aumentou, apesar de tantas perseguições e incontáveis mortes, o que significa que, de alguma forma, eles conseguiram encontrar áreas menos hostis. Nunca houve, ao longo da história, uma situação comparável à do Holocausto, em que seis milhões de judeus foram exterminados.

Na Rússia havia, periodicamente, ataques violentos contra os judeus, destruindo suas casas de comércio, suas residências e suas sinagogas. Esses *pogroms* eram incentivados tanto pela Igreja como pelos próprios governantes.

Na Polônia, na Lituânia e na Hungria as populações judaicas se estabeleceram em pequenas cidades (*schtetles*), nas quais eles eram praticamente os únicos habitantes, ou nas grandes cidades, onde chegaram a constituir mais de metade da população. Houve também múltiplos *pogroms* nessas regiões.

O RENASCIMENTO

O Renascimento, que se estendeu ao longo dos séculos XIV a XVI, marcou o fim da Idade Média.

Durante esse período a Europa saiu da estagnação econômica, entrando em uma era de grandes mudanças intelectuais e econômicas. E, o que é mais importante, nessa era o pensamento artístico, social, científico e político seguiu novas direções.

Em 1445 Gutenberg inventou a imprensa, mudando a vida das pessoas da Europa e, gradativamente, em todo o mundo. Os livros deixaram de ser copiados e desenhados à mão, tornando-se mais baratos e mais disponíveis.

Na Idade Média somente o clero possuía livros, geralmente escritos em latim, que era considerado a língua do conhecimento. No Renascimento a classe média começou a se educar e a pedir livros escritos na própria língua, e essa demanda foi atendida. Os leitores queriam tipos diversos de livros, e assim surgiram almanaques, livros de viagens, histórias de cavaleiros e poesia.

Os livros divulgaram a filosofia de um grupo de sábios, que ficaram conhecidos como *humanistas*. Ao longo da Idade Média, os eruditos dispunham apenas dos ensinamentos da Igreja; com o advento dos livros, redescobriram os clássicos gregos e romanos que haviam sido esquecidos. Os humanistas estudaram o grego e o latim e começaram a procurar os antigos manuscritos que tinham sido abandonados durante quase dois mil anos. Assim redescobriram escritos sobre ciência, política e governo, retórica, filosofia e arte. Reaprenderam das antigas civilizações a importância do homem na vida da Terra.

Os humanistas do norte da Europa destacaram-se por aplicar o espírito do Renascimento às doutrinas da Igreja, constituindo, assim, o primeiro grupo a lutar pela sua reforma.

Dois deles foram particularmente importantes: Desiderius Erasmus (Erasmo de Roterdã) e Thomas More.

Erasmo, que viveu de 1466 a 1536, desenvolveu uma teologia simples de amor cristão. Para ele, o cristianismo era uma religião ética, e a filosofia de Jesus era uma filosofia de amor altruísta e de piedade. Afirmava também que os dogmas, os rituais e particularmente a estrutura econômica da Igreja católica a tinham distanciado de Jesus.

Thomas More (1478-1535) foi o mais importante humanista inglês na sua época. Era profundamente católico e quase foi morto pelo rei Henrique VIII por causa disso. Mas, embora ele não tenha se convertido à religião anglicana, seus escritos criticavam os papas e os abusos da Igreja.

Tanto Erasmo como More tentaram reformar a Igreja *de dentro dela*. Mas seus escritos estabeleceram as idéias e a terminologia que se tornaram a base da Reforma.

A REFORMA

Não se pode dizer que a única atividade da Igreja católica na Idade Média tenha sido a de perseguir os *infiéis*. Apesar de seus abusos e crueldades, ela teve muitos triunfos espirituais e estimulou de forma intensa o desenvolvimento das artes, que culminou com o Renascimento. De certa forma, ela continha, dentro de si, a mensagem de Jesus, de amor ao próximo. A circunstância de a palavra *próximo* ser interpretada de forma tão restrita não elimina o valor da mensagem no que diz respeito à população cristã.

Mas o Renascimento trouxe a percepção de que havia erros doutrinários importantes, e Erasmo e More apontaram a inevitável direção a ser seguida. A chama que disparou o movimento foi um jovem monge alemão que conhecia bem os textos humanistas: Martin Luther, que usualmente chamamos de Lutero.

Lutero viveu de 1483 a 1546. A Reforma começou no dia 31 de outubro de 1517, quando ele pregou na porta de uma igreja em Wittenberg suas 95 "teses", em que acusava a Igreja católica de erros doutrinários, particularmente a venda de indulgências.

Depois vieram Jean Calvin (Calvino) (1509-1564), Huldrych Zwingli (Zuínglio) (1484-1531) e muitos outros, que deram origem a diversos grupos cristãos que são coletivamente designados "protestantes".

A Igreja católica, por sua vez, criou uma "contra-reforma", procurando sanear algumas de suas irregularidades. Inácio de Loyola criou, nessa ocasião, a ordem dos Jesuítas, com o objetivo de ajudar a Contra-Reforma.

Embora a Reforma dissesse respeito a problemas doutrinários, a crueldade humana a utilizou para mais perseguições.

Imensa quantidade de sangue foi derramada enquanto, por toda a Europa, cristãos matavam outros cristãos em nome da religião. Apenas como exemplo, em Paris, em 1572, na noite de São Bartolomeu, oito mil protestantes foram mortos.

No início da Reforma os judeus tiveram alguma esperança de ser menos perseguidos. Lutero inicialmente atraiu os judeus, por acreditar que eles se converteriam ao seu novo "cristianismo puro". Quando isso não aconteceu, tornou-se, também, violentamente anti-semita.

NAPOLEÃO

Uma das conseqüências do humanismo do Renascimento foi a Revolução Francesa, que pôs fim à monarquia absoluta na França. Ela foi muito influenciada, também, pela independência dos Estados Unidos, com George Washington e Lafayette se correspondendo assiduamente.

A Revolução começou quando o povo, no dia 14 de julho de 1789, invadiu a Bastilha, a fortaleza que era a sede do poder da monarquia. Logo a seguir foi constituída uma Assembléia Nacional, que redigiu uma Declaração dos Direitos do Homem, que incluiu os temas que se tornaram o *slogan* da Revolução: Liberdade, Igualdade e Fraternidade.

Os monarcas europeus ficaram muito preocupados com essa revolução, pois perceberam que ela poderia atingir seus países.

Em 1792 o rei Luís XVI e a rainha Maria Antonieta foram presos, sendo guilhotinados no ano seguinte. Seguiu-se um período de terror em que muitos líderes de todas as facções foram também guilhotinados. O terror só desapareceu quando Robespierre foi também condenado à morte na guilhotina, em 1794, sendo logo depois proclamada a República.

A fase de terror desgastou a Revolução e preparou o caminho para Napoleão.

Em 1800 ocorreu o golpe de Estado que colocou Napoleão no poder. Durante quatro anos ele governou como cônsul; em maio de 1804 foi sagrado imperador, posição que manteve até 1815.

Muito se pode dizer a favor de Napoleão e contra ele. O que nos interessa de perto, contudo, é que seus exércitos levaram os ideais de liberdade, igualdade e fraternidade a todos os países que eles ocuparam. Os privilégios da nobreza e os sistemas de classes sociais vigentes foram praticamente extintos.

Além disso, Napoleão decidiu estender a liberdade, a igualdade e a fraternidade aos judeus, aos protestantes e aos maçons. Ele até chegou a preparar, quando suas tropas estavam na Palestina, sitiando Acra, uma Proclamação tornando a Palestina um Estado judeu independente.

O Código Napoleônico, que serviu de modelo para muitos países, incluiu os seguintes conceitos, revolucionários para a época:

1. Igualdade para todos aos olhos da lei.
2. Não-reconhecimento de privilégios inatos (ou seja, direitos de nobreza herdados de ancestrais).
3. Liberdade de religião.
4. Separação entre Igreja e Estado.
5. Liberdade de escolha da profissão.

Em virtude de conflitos entre Napoleão e a Igreja católica, o papa Pio VII, em 1807, excomungou Napoleão. Este, em 1809, fez prender o papa, que foi trazido para a França como prisioneiro.

Embora Napoleão nunca tenha manifestado nenhum apreço especial pelos judeus, o fato é que ele pôs fim aos guetos. Os judeus passaram a ser livres.

Os guetos só voltaram a existir na Alemanha nazista.

AS AMÉRICAS

Os judeus descobriram a América, em companhia de Cristóvão Colombo. Na verdade, havia seis judeus nos navios de Colombo, um deles, paradoxalmente, o representante da rainha Isabel na expedição.

Também na América do Sul houve grande participação judaica. Em 1504, por exemplo, apenas quatro anos após o descobrimento "oficial" do Brasil, Fernando de Noronha recebeu, como capitania, a ilha que até hoje tem o seu nome.

Fernando de Noronha era descendente de uma ilustre família judaica, proveniente da fronteira da Inglaterra com a Escócia, mudando-se mais tarde para a Espanha e depois para Portugal, no final do século XV. Nasceu ao redor de 1470 e se tornou rico mercador. Era um cristão-novo, um judeu convertido ao cristianismo pelo decreto real assinado em Portugal em 1497, e destacou-se entre os mercadores que assinaram contratos de arrendamento do Brasil com o rei d. Manoel. Com a descoberta do caminho da Índia por Vasco da Gama, ele se tornou um dos principais negociantes de pimenta-malagueta em Portugal.

Foi ele quem financiou a expedição de 1503, na qual Américo Vespúcio descobriu a ilha. Tornou-se o primeiro donatário de terras do Brasil.

Mais tarde, em 1530, o rei de Portugal d. João III enviou uma armada com 400 homens, sob o comando de seu amigo Martim Afonso de Sousa, a quem nomeou "Capitão-Mor e Governador das Terras do Brasil". A expedição de Martim Afonso de Sousa cobriu todo o litoral brasileiro, desde o Amazonas até o rio da Prata, durante dois anos.

Ele escolheu dois pólos como catalisadores do desenvolvimento, um ao norte, na Bahia, outro ao sul, em São Vicente. Não deve ter sido coincidência o fato de que em cada um desses lugares havia um homem que tinha estabelecido excelente contato com os índios da região. Ambos, Diogo Álvares Correia, o Caramuru, e João Ramalho, se casaram com filhas de caciques. Ambos tiveram numerosos filhos e netos. Ambos tinham antecedentes judaicos.

* * *

Em 1521 já havia judeus com Cortez no México. Em 1533 atingiram a cidade de Lima, no Peru.

Em 1536 eles se instalaram em Recife. Duarte Coelho Pereira, o donatário da capitania de Pernambuco, decidiu implantar o cultivo da cana-de-açúcar, e para isso fez grandes plantações de cana e construiu vários engenhos. Mandou vir das ilhas da Madeira e de São Tomé as mudas da planta e operários especializados — quase todos judeus — para dirigirem os engenhos.

Em 1549 o Brasil passou a ter um governo central e, com Tomé de Sousa, vieram os jesuítas. Mas tanto o padre José de Anchieta como o primeiro bispo do Brasil, Pero Fernandes Sardinha, se opuseram energicamente à instalação da Inquisição, pois achavam que a jovem colônia muito necessitava de todos os seus habitantes.

Dessa forma, os judeus viveram em um clima de tolerância, enquanto em Portugal havia ódio e as fogueiras dos autos-de-fé. E muitos judeus portugueses resolveram tentar uma nova vida no Brasil.

Até 1570 os judeus tiveram liberdade de culto e puderam manter suas práticas religiosas, que foram, gradativamente, se sincretizando com o catolicismo. E aí começaram as incursões da Inquisição no Nordeste do Brasil. Por alguma razão, ela nunca atingiu o Sul.

* * *

De certa forma, o cultivo do açúcar se relacionou com as invasões holandesas. Seu comércio era de grande importância para a Holanda, que durante muitos anos manteve intenso intercâmbio com Portugal. Mas em 1580, o rei de Portugal, d. Henrique de Avis, morreu sem deixar filhos, e o trono foi assumido por Filipe II, rei da Espanha, seu parente mais próximo. A Espanha, inimiga dos holandeses, proibiu sua entrada em seus domínios. A União Ibérica, a união de Portugal e da Espanha, persistiu até 1640.

Tentando recuperar seu comércio do açúcar, os holandeses decidiram criar uma colônia no Brasil. Em 1621 foi constituída a Companhia das Índias Ocidentais, formada por grupos holandeses com o apoio do governo, destinada a incentivar o cultivo e o comércio do açúcar.

As primeiras tentativas de invasão ocorreram na Bahia, em 1624 e 1627. Mas essa era uma região intensamente fortificada e a frota naval portuguesa e espanhola os derrotou facilmente.

Veio, então, em 1630, a invasão em Pernambuco. Nós hoje sabemos que os judeus de Recife, descendentes dos pioneiros do cultivo da cana-de-açúcar, preocupados com a Inquisição, enviaram à Holanda os mapas da região. Não foi por coincidência que as naus holandesas desembarcaram exatamente na única área desprovida de recifes.

Em 1637 a Companhia das Índias Ocidentais enviou a Pernambuco Johann Mauritius van Nassau-Siegen (Maurício de Nassau), nomeado administrador da colônia holandesa. Além de organizar o cultivo da cana em colaboração com os senhores de engenho, Nassau também embelezou a cidade de Recife, pavimentou ruas, drenou pântanos e construiu pontes sobre os rios Capiberibe e Beberibe, transformando o pequeno vilarejo em um moderno centro urbano. Trouxe, também, para Recife, missões artísticas e científicas, criando um desenvolvimento cultural europeu cujas heranças persistem até hoje.

O domínio holandês na região atraiu vários judeus, que vieram da Europa para Recife. Muitos se tornaram banqueiros e intermediários, negociando empréstimos para os senhores de engenho, para que comprassem escravos e fizessem plantações de mandioca para alimentá-los.

Mas em 1644 Maurício de Nassau entrou em choque com a Companhia das Índias e regressou à Holanda, onde ocupou cargos diplomáticos importantes, recebendo, em 1652, o título de Príncipe do Império Germânico.

Com a saída de Nassau, gradativamente se reorganizou a resistência portuguesa. Os senhores de engenho, principalmente porque haviam esbanjado o dinheiro dos empréstimos e não tinham condição de pagá-los, participaram ativamente da organização dessa resistência. Em 1654 os holandeses foram expulsos do Brasil.

Como os portugueses sabiam que os judeus eram colaboradores dos holandeses, eles também foram expulsos de Pernambuco. Não houve perseguições, nem vinganças; simplesmente os deixaram partir.

Alguns fugiram para longe da costa, dispersando-se pelo interior do Brasil, onde, aos poucos, perderam sua identidade. Outros resolveram voltar para a Holanda. Outros, ainda, migraram para as Guianas e para as Antilhas. Comunidades importantes surgiram no Suriname, em Guadalupe, Barbados, na Jamaica e em São Domingos. Em quase todos esses locais eles se dedicaram à indústria açucareira, trazendo grande progresso a essas regiões. Na verdade, eles ajudaram a América Central a se tornar o maior produtor mundial de açúcar, finalizando, assim, o monopólio que estava nas mãos do Brasil.

Houve um pequeno grupo de 23 judeus que não quis permanecer na região das Antilhas. Eles eram todos judeus, não eram cristãos-novos. Queriam um local onde não existisse a Inquisição, onde ninguém nunca os forçasse a se converter ao catolicismo. E foram para Nova Amsterdã, uma cidade da América do Norte que era uma possessão holandesa. E que hoje se chama Nova York.

O líder desse grupo se chamava Asser Levy van Swellem. Ele parece ter nascido na Holanda e veio para o Brasil quando os holandeses já estavam em Recife. Era culto, conhecia a Torá e o Talmude. Era açougueiro de profissão e havia aprendido as técnicas de *shechitá*, o abate judaico recomendado pelo Talmude, que tinha o objetivo de evitar o sofrimento dos animais.

Quando o navio ancorou em Nova Amsterdã, Asser e dois outros passageiros tomaram um bote para a terra firme e lá foram recebidos pelo governador Peter Stuyvesant. Esse, extremamente hostil aos judeus, não deu permissão para que o grupo desembarcasse. Asser, que tinha amigos influentes na Holanda, disse-lhe que haviam viajado muito, não tinham intenção de partir e ficariam o inverno todo no porto, se necessário. Eram dois homens grandes, fortes e teimosos. A discussão foi longa, mas Stuyvesant acabou cedendo e os judeus desembarcaram.

As contendas entre os dois não ficaram por aí. Asser brigou pelo direito de os judeus participarem do exército que lutou contra a colônia sueca dos arredores, a fazer parte da polícia voluntária da cidade e pela sua licença de açougueiro, que incluía a permissão para trazer carne, de navio, de alguns criadores de gado mais distantes. Muitas dessas lutas, todas ganhas por Asser Levy, tiveram de ser resolvidas na Holanda.

Em 1664, os ingleses se apossaram das colônias holandesas da América do Norte e deram total liberdade aos judeus, que consolidaram sua comunidade e se espalharam pelo país.

Ao longo de toda sua vida, Asser Levy lutou por uma situação de igualdade para os judeus em todas as atividades, e por isso estava sempre envolvido em processos legais. Os holandeses de Nova Amsterdã o adoravam. Era um herói. Sua casa de carnes vendia alimentos tanto *casher* como não-*casher*. Ao longo do tempo, tornou-se muito rico e construiu uma linda casa. E como queria igualdade para todos, sem preconceitos religiosos, construiu, com seu dinheiro, a primeira igreja luterana da cidade de Nova York.

Asser morreu em 1680, um homem muito querido por judeus e não-judeus. Ele não foi o primeiro judeu a emigrar para a América do Norte, mas foi ele quem estabeleceu a primeira comunidade judaica na região hoje representada pelos Estados Unidos. E o seu exemplo, assim como o desse pequeno grupo de brasileiros fugitivos, foi muito importante para fazer dos judeus dos Estados Unidos a maior comunidade israelita do mundo e os grandes campeões da luta pelos direitos humanos.

* * *

A expulsão dos holandeses de Pernambuco não atingiu imediatamente a população judaica da Bahia e de outras áreas do Nordeste. Havia certo grau de tolerância religiosa, graças à influência do padre jesuíta Antônio Vieira, grande defensor dos judeus, que intercedeu por eles, diretamente, perante o rei d. João IV de Portugal.

Contudo, depois da morte de d. João IV, em 1656, a Inquisição, além de punir o padre Vieira, voltou a realizar suas perseguições e, em 1683, expulsou os cristãos-novos de Portugal, ameaçando-os com pena de morte se tentassem voltar ao país.

Os efeitos dessa nova onda de perseguições chegaram ao Brasil de forma violenta nos anos 1707 a 1739, quando muitos judeus foram levados para Lisboa como prisioneiros da Inquisição.

Esse domínio dos inquisidores, que se tornaram mais poderosos do que a Coroa, praticamente destruiu Portugal. Foi quando surgiu um grande estadista que, embora defensor da monarquia absoluta, contribuiu decisivamente para transformar o país. Ele se chamava Sebastião José de Carvalho e Melo, sendo mais conhecido como o Marquês de Pombal.

Em 1773 ele conseguiu que o rei d. José I promulgasse uma lei extinguindo as diferenças entre cristãos-velhos e cristãos-novos. E um ano após um decreto passou a submeter os veredictos da Inquisição à apreciação da Coroa. Esse decreto, na prática, extinguiu a Inquisição portuguesa.

Com a vinda de d. João VI, em 1808, para o Brasil, acabaram-se as perseguições aos judeus. Em 1822 proclamava-se a Independência do Brasil, e a Constituição de 1824 assegurou a igualdade de todos os habitantes de nosso país.

* * *

A Inquisição na América espanhola começou a funcionar a partir das ordens religiosas, sendo criados tribunais na Cidade do México, em Lima, Peru, e em Cartagena, Colômbia, em 1571. Seguindo o modelo hispânico, esses tribunais foram muito mais cruéis com os não-cristãos do que a Inquisição no Brasil.

Em Lima pode-se visitar o Museu da Inquisição, que é o edifício onde os prisioneiros eram torturados em câmaras especiais, com instrumentos de tortura horripilantes.

* * *

Embora tenha havido perseguições e ainda que os preconceitos contra judeus sempre tenham existido, podemos dizer que as Américas foram muito mais tolerantes com eles do que o Velho Mundo.

Os preconceitos continuam existindo. Temos de atribuí-los à ignorância, à educação inadequada. Mas a verdade é que, ao longo dos tempos, eles têm sido extensamente manipulados com fins políticos. E é por isso que é tão difícil eliminá-los.

* * *

Segundo a Cabala, a diáspora era absolutamente necessária para que pudessem existir judeus em todas as partes do mundo. Eles realmente se dispersaram por todo o globo terrestre e em todos os lugares contribuíram para o *tikun olan*, o aperfeiçoamento do universo.

CAPÍTULO VIII
O PENSAMENTO JUDAICO

Ao longo da história das religiões, muitos pensadores trouxeram suas contribuições e acrescentaram novas idéias. Neste capítulo comentarei alguns dos grandes pensadores do judaísmo, em diferentes épocas. Sei que estou deixando de lado contribuições importantes. Mas meu objetivo é delinear o panorama de desenvolvimento da religião, segundo meu ponto de vista, pois esta é a minha aventura em busca de Deus. Certamente outras pessoas preferirão se aventurar por caminhos totalmente diversos.

SHLOMO ITZCHAKI — RASHI
(1040-1105)

Rashi foi um rabino extremamente erudito. Nascido em Troyes, na França, era vinicultor, e a sua vinícola sustentou sua família e a academia que fundou aos 25 anos de idade.

Ele parece ter feito um apelo aos judeus para que prestigiassem as vinícolas pertencentes aos judeus, e desse apelo surgiu a tradição dos vinhos *casher*, que não são mencionados nem na Bíblia nem no Talmude.

Em sua academia, ele desenvolveu um sistema de análise dos textos judaicos, cujo significado e importância continuam sendo relevantes na atualidade. Ele se preocupava com cada palavra que poderia necessitar de aprofundamento ou de explicação e era, ao mesmo tempo, extremamente sintético em seus comentários.

Acredita-se que nem todos os comentários foram escritos por ele. Seus discípulos, ao lhe fazerem perguntas, anotavam suas respostas claras e precisas nas margens dos pergaminhos. Essas anotações foram depois acrescentadas aos seus comentários.

O texto da Bíblia hebraica publicado por Daniel Bomberg em 1517 incluiu os comentários de Rashi, que estimularam outros eruditos a escrever comentários sobre seus comentários.

A análise do Talmude foi ainda mais importante que a da Torá. O Talmude foi escrito em aramaico, em uma linguagem complexa e sem pontuação. Rashi explicou as discussões talmúdicas de forma simples e esclareceu os conceitos dos sábios que as redigiram. Ele tornou o Talmude compreensível, mesmo para pessoas com menor grau de instrução. Até hoje, todas as pessoas que estudam o Talmude estudam também os comentários de Rashi.

É interessante assinalar que suas filhas muito o auxiliaram na tarefa de escrever seus textos. Os judeus, na verdade, sempre prezaram a educação e eram o único grupo humano da Idade Média, com exceção do clero, que sabia ler e escrever. Somente no século XIV é que os monarcas europeus começaram a ser alfabetizados.

De alguma forma, o horror e os massacres da primeira Cruzada não se refletiram no trabalho de Rashi. Há uma lenda de que um dos cavaleiros da Cruzada, Godfroi de Bouillon, pediu a Rashi uma audiência e lhe perguntou se sua missão seria bem-sucedida. Rashi disse-lhe que no início ele obteria vitórias, mas depois seu exército seria dizimado e ele voltaria com apenas três cavalos. Godfroi, furioso, afirmou que, se regressasse com ao menos quatro cavalos, destruiria totalmente a comunidade judaica de Troyes.

Godfroi voltou com quatro cavalos. Mas, ao cruzar os muros da cidade de Troyes, uma grande pedra caiu em cima de um deles, matando-o. Ele entrou em Troyes com apenas três cavalos.

MOSHE BEN MAIMON — MAIMÔNIDES
1135-1204

"Se não soubéssemos que Maimônides é o nome de um homem", disse Abraham Joshua Heschel, "poderíamos achar que é o nome de uma universidade." Essa frase nos dá uma idéia da grandeza desse médico, rabino e filósofo. Muitos livros judaicos se referem a ele por um acrônimo de seu título e nome, RaMBaM.

Nasceu em Córdoba, na Espanha, de onde fugiu para o Marrocos. Viveu algum tempo na Palestina e por fim se radicou no Egito, onde se tornou o médico do sultão. Escreveu *Comentários sobre a Mishná*, *O guia dos perplexos* e a *Mishnê Torá*, um código das leis judaicas. Esse último livro foi escrito em hebraico; os demais, em árabe.

Maimônides foi um dos poucos filósofos medievais judeus que tiveram importante influência sobre outros filósofos, particularmente Tomás de Aquino. O princípio que inspirou sua filosofia era o de que não podem existir contradições entre as verdades reveladas por Deus e os conhecimentos filosóficos e científicos obtidos pela mente humana.

Maimônides escreveu extensamente a respeito da imortalidade da alma, mas nunca mencionou a ressurreição dos mortos, algo que gerou hostilidade por parte de muitos rabinos de sua época. Os textos rabínicos se referem a uma vida futura como *Olam Habá*, o mundo que virá. Às vezes essa frase se refere à era messiânica, uma vida perfeita aqui na terra; às vezes trata de uma região totalmente espiritual. Durante a vida de Maimônides, essas duas interpretações deram origem a grandes disputas teológicas, e ele foi denunciado como herege por diversos líderes judaicos.

Pressionado, ele escreveu um tratado sobre esse problema, o *Maamar Tehiiat Hametim* (Tratado da Ressurreição), no qual demonstra que a Bíblia hebraica é ambígua no que diz respeito à ressurreição. Para ele, Deus nunca transgride as leis da natureza. Ele considerava os milagres como fenômenos naturais cujas explicações não nos eram conhecidas.

Como médico, também fez contribuições notáveis, tanto do ponto de vista científico como ético. Nos seus escritos ele se utilizou dos textos de Hipócrates, Galeno e Avicena, mas acrescentou, também, muitas contribuições pessoais.

Esta frase de Maimônides é, para mim, uma grande inspiração:

> Que eu nunca venha a ter a noção de que a minha educação está completa; que Deus me dê a força, o tempo e a disposição para continuar sempre aumentando o meu conhecimento.

MOSHE BEN NACHMAN GERONDI — NACHMÂNIDES (1194-1270)

Nachmânides nasceu em Gerona (daí seu sobrenome Gerondi) e foi um importante rabino, filósofo, cabalista e comentarista da Bíblia.

Aos 16 anos de idade já era considerado um grande conhecedor do Talmude. Sua postura era conservadora e ele tinha grande reverência pelas antigas autoridades judaicas. Embora discordasse de Maimônides com relação a alguns conceitos filosóficos, ele sempre o respeitou, e por isso se recusou a participar do grupo anti-Maimônides, procurando assumir uma posição conciliadora.

Em alguns de seus textos, porém, ele expressou suas discordâncias. Segundo Maimônides, alguns dos desejos que fazem parte do corpo do homem são uma "desgraça". Para Nachmânides, o corpo humano, com todas as suas funções, foi criado por Deus, e portanto nenhum de seus impulsos pode ser considerado indesejável.

Nachmânides foi rabino em Gerona e depois se tornou o rabino-chefe da Catalunha. Teve uma vida calma e tranqüila, em meio à sua família e seus numerosos discípulos. Em sua velhice, contudo, houve um acontecimento que pôs fim a esse período de paz.

Em 1263 o rei Jaime de Aragão, da Catalunha, o escolheu para um debate, em sua presença, por meio do qual a Igreja católica pretendia provar que o judaísmo era uma religião "errada".

Seu opositor no debate foi o sacerdote Pablo Christiani, que era um judeu convertido ao catolicismo e conhecia bem o Talmude. Pablo fracassara em sua tentativa de converter os judeus do sul da Espanha e da Provença ao catolicismo, e achava que esse debate facilitaria seu trabalho. Ele tinha certeza de que seu adversário teria de manter certos limites, para não ferir os sentimentos dos dignatários cristãos que estariam presentes. E estava convencido de poder provar a condição messiânica de Jesus com base no Talmude e em outros escritos rabínicos.

Nachmânides, contudo, havia obtido do rei o direito de falar livremente.

Durante quatro dias Nachmânides e Pablo debateram, diante do rei, da corte, de muitas autoridades da Igreja e de muitos habitantes de Barcelona, tanto cristãos como judeus.

Os temas do debate foram três: se o Messias havia nascido; se o Messias anunciado pelos profetas era divino ou se era apenas um homem, e se a verdadeira fé pertencia aos judeus ou aos cristãos.

Os argumentos de Pablo eram baseados em *hagadot*, ou seja, nas múltiplas histórias que aparecem no Talmude. Nachmânides simplesmente explicou que os judeus têm de acreditar nas verdades da Bíblia; quanto ao Talmude, eles precisam crer somente nos itens da prática religiosa. Quanto às *hagadot*, são apenas prédicas que expressam as opiniões pessoais dos rabinos que as professaram e não têm autoridade.

Demonstrou, também, que os profetas consideravam o Messias um homem de carne e osso, e não um ser divino. E que suas promessas de um reino universal de paz e justiça não haviam sido cumpridas. Pelo contrário, desde a época de Jesus o mundo se encontrava imerso em uma onda de violência e injustiça, e os cristãos eram os menos pacíficos de todos os grupos religiosos. O debate foi concluído com a vitória de Nachmânides, que recebeu do rei uma grande quantia, como sinal de seu respeito.

Os dominicanos, porém, afirmaram ter ganho o debate e obrigaram Nachmânides a publicar suas atas. Dessa publicação Pablo escolheu alguns trechos, que ele denunciou como blasfêmias contra o cristianismo. Esse texto foi levado ao rei como uma acusação formal contra o rabino.

O rei, com medo dos tribunais dominicanos, nomeou uma comissão especial para o julgamento e exigiu que fosse realizado em sua presença.

Nachmânides admitiu ter se manifestado contra o cristianismo, mas que todas as palavras que tinham escrito haviam sido ditas durante o debate e ele obtivera do rei o direito à liberdade de expressão. Tanto o rei como a comissão consideraram justa sua defesa, mas, para satisfazer os dominicanos, Nachmânides foi exilado de Barcelona por um período de dois anos. Os dominicanos acharam o castigo muito leve e conseguiram que o papa Clemente IV o transformasse em exílio perpétuo.

E assim, em sua velhice, Nachmânides se viu obrigado a deixar sua terra natal, em busca de outros locais para viver. Durante três anos morou no sul da França; depois foi para a Palestina. Após um breve período em Jerusalém, que era, então, uma cidade desolada, fixou-se em Acre, onde reuniu muitos discípulos, inclusive alguns caraítas. Foi nessa fase de sua vida que ele publicou o mais importante de seus livros, uma série de comentários sobre o Pentateuco.

Ele morreu na terra de Israel e foi enterrado em Haifa.

YITZCHAK BEN SOLOMON ASHKENAZI — ISAAC LURIA (1534-1572)

Isaac Luria foi um famoso místico judeu e é considerado o fundador da Cabala em sua concepção moderna. Ele nasceu em Jerusalém, de pais alemães. Aos 22 anos, profundo conhecedor do *Zohar*, tornou-se um eremita, morando em uma pequena cabana durante sete anos, dedicando-se à meditação.

Em 1569 ele se estabeleceu em Safed, no norte da Palestina, onde formou um importante grupo de cabalistas, aos quais transmitiu sua doutrina, que tinha por objetivo a criação de um novo alicerce para o sistema moral do mundo. Para muitos de seus seguidores ele era um santo capaz de fazer milagres, um precursor do Messias.

Ele nada deixou escrito. O conhecimento que se tem do seu sistema cabalístico foi registrado por um de seus discípulos, Chaim Vital. Inicialmente circularam alguns manuscritos, que nunca saíram da Palestina; mas uma cópia foi finalmente levada à Europa, sendo publicada duzentos anos após sua morte. Nesse trabalho há uma parte especulativa, baseada no *Zohar*, e uma parte prática, ou "milagrosa", da qual Luria foi o criador.

Luria introduziu seu misticismo nos serviços religiosos. Para ele, cada mandamento possui um significado místico. O Shabat era olhado como a presença de Deus em nossa vida e cada cerimônia realizada tinha influência no mundo superior. Seus ensinamentos são aceitos por quase todas as modernas formas de judaísmo.

É importante mencionar a presença em Safed, nessa ocasião, do rabino Joseph ben Ephraim Caro, que viveu de 1448 a 1575.

Caro nasceu na Espanha, de onde foi expulso no fim do século XIV, e depois se estabeleceu em Safed, onde passou a integrar o grupo de cabalistas. Mas Luria nunca o admitiu em suas palestras, dizendo-lhe que ele não tinha as qualificações necessárias.

O fato é que Joseph Caro não era considerado um erudito, mas mesmo assim ele foi o autor do *Shulchan Aruch*, um código de leis judaicas que até hoje é utilizado por grupos ortodoxos. Segundo Caro, ele foi orientado por um "espírito" erudito durante a preparação do livro.

BARUCH ESPINOSA
(1632-1677)

Espinosa foi um dos grandes filósofos da era do Racionalismo. Seus pais eram portugueses que haviam fugido para a Holanda por causa da Inquisição. Ele é hoje reconhecido como um dos mais importantes filósofos judeus de todos os tempos, mas ainda assim existem muitas controvérsias sobre ele no mundo judaico. Na verdade, ele foi expulso da comunidade judaica holandesa. Às vezes lemos que ele foi *excomungado*, mas não existe, realmente, excomunhão no judaísmo. Os rabinos-chefes de Israel têm recebido solicitações para remover o anátema, mas essas solicitações não foram atendidas, talvez pelas mesmas razões que o fizeram ser expulso. Ou seja, o Deus de Espinosa não é o Deus de Abraão e de Isaac, não é um Deus pessoal. Os aspectos puramente religiosos das diversas religiões nunca o interessaram.

A maioria de seus trabalhos só foi publicada após sua morte, embora ele tenha tido excelente reputação, em vida, como filósofo. Mas para seu próprio sustento dedicou-se a polir lentes, e a poeira de vidro lhe causou lesões pulmonares, das quais veio a falecer aos 45 anos de idade.

Na verdade, a metafísica de Espinosa, de identificação de Deus com a natureza, tem antecedentes na Idade Média, na filosofia neoplatônica, que integrou o misticismo judaico, e na filosofia islâmica. Tanto Maimônides como Nachmânides foram filósofos neoplatônicos e não tiveram tantos problemas por seus princípios filosóficos.

Espinosa declara de forma simples e incisiva que *Deus é a única coisa que existe*. Essa assertiva, pouco comum na cultura ocidental, faz parte das religiões hindus. Embora a palavra *panteísmo* seja comumente empregada para designar essa concepção, a metafísica de Espinosa é mais bem classificada como *panenteísmo*, ou seja, Deus está em todas as coisas e nada existe independentemente de Deus. Por ser Ele eterno e infinito, seus atributos são igualmente eternos e infinitos.

É óbvio que Espinosa tem seu lugar na história do judaísmo, como um seguidor da tradição mística que se originou na Idade Média.

ISRAEL BEN ELIEZER — BAAL SHEM TOV
(1698-1760)

A expressão *Baal Shem Tov* significa "o Senhor do Bom Nome" e é como nos referimos a esse líder carismático que fundou o movimento denominado *chassidismo*.

Ele nasceu no sul da Polônia e ficou órfão ainda muito jovem, desempenhando diversos trabalhos em escolas, como guarda da sinagoga e como estalajadeiro, para garantir seu sustento. Embora haja dúvidas quanto a seu grau de escolaridade, parece que teve pouco aprendizado formal. Mas estudou intensamente a Cabala e desenvolveu o conceito de que devemos ter Deus próximo de nós o tempo todo, não apenas durante os serviços religiosos, mas também enquanto exercemos nossas atividades cotidianas. Deus tem de estar conosco não somente quando temos dificuldades, mas também quando estamos alegres e felizes.

Essa sua visão do judaísmo entrou em confronto direto com a dos grandes estudiosos da Bíblia e do Talmude, porque ele oferecia aos judeus não educados uma concepção religiosa que eles podiam compreender, sentindo-se recompensados. Essa circunstância e sua reputação de fazer milagres trouxeram-lhe muitos seguidores. O fervor da oração era, para ele, mais importante que o estudo dos textos sagrados. Ele encorajava seus discípulos a cantar e a dançar, como forma de expressar a Deus a alegria de viver, apesar das dificuldades e perseguições que sofriam. A "mágica" do Baal Shem Tov ensinou os judeus a ser felizes e a expressar sua felicidade e o amor a Deus pela música.

Seus conhecimentos da Cabala foram adquiridos dos ensinamentos de Luria, mas ele os simplificou, tornando-os acessíveis à população judaica menos educada. Mesmo aqueles que não tinham sido abençoados com a capacidade ou a oportunidade de ser um estudioso da Torá, dizia ele, podiam alcançar altos níveis espirituais.

Embora seus ensinamentos não contivessem nenhum elemento novo, ainda assim eles causaram grande revolução. Quando Baal Shem Tov morreu, já tinha dez mil seguidores, e esse número continuou crescendo.

Como Luria, ele não deixou escritos. Quase tudo que conhecemos de seus ensinamentos foi publicado por seus discípulos.

MOSES MENDELSSOHN
(1729-1786)

Moses Mendelssohn nasceu na Alemanha, sendo de uma família pobre, mas culta. Seu pai era escriba, cuja função era fazer cópias da Torá.

Ele começou sua educação na forma tradicional, estudando a Bíblia e o Talmude em uma escola rabínica. Mas, além de aprender o alemão e o hebraico, ele estudou também francês, italiano, inglês, latim e grego. E passou a fazer cursos de outras disciplinas, como matemática, filosofia e lógica. Tornou-se amigo do filósofo Immanuel Kant e começou a publicar ensaios filosóficos em alemão.

Para Mendelssohn, Deus era um ser perfeito, bom, sábio, justo e misericordioso. Também acreditava que a revelação não podia ser antagonista da razão. Em seu livro *Jerusalém: o poder da religião e o judaísmo*, ele assumiu a posição de que nenhuma instituição religiosa tem o direito de coagir as pessoas. E que o judaísmo, por não ter dogmas, não exercia nenhuma coerção. Reconhecia a necessidade da existência de múltiplas religiões e as respeitava. Foi, assim, o criador do iluminismo judaico.

Ele queria ver os judeus livres do gueto e trabalhando ativamente na sociedade. E procurou, também, melhorar o relacionamento entre judeus e cristãos.

MARTIN BUBER
(1878-1965)

Martin Buber nasceu em Viena, onde estudou por vários anos, completando sua formação em Leipzig, Berlim e Zurique.

Ingressou no Movimento Sionista, não por motivos políticos, mas por achar que lhe proporcionaria mais informações culturais e religiosas. Foi professor de Filosofia Religiosa Judaica na Universidade de Frankfurt de 1924 a 1933, colaborando com Franz Rosenzweig em uma interessante experiência didática, a *Lehrhaus* (Casa do Ensino).

Em 1938, com a ascensão do nazismo, ele emigrou para Israel, passando a ensinar na Universidade Hebraica de Jerusalém e devotando boa parte de seu tempo a melhorar o relacionamento entre os israelenses e os palestinos.

Por cinco anos Buber se dedicou exclusivamente a estudar o chassidismo, que ele via como um protesto contra a intelectualidade; um movimento popular com profundo sentimento religioso e intensa busca de Deus. Seu estudo sistemático da literatura chassídica influenciou sua maneira de pensar e ele nos legou lindas histórias baseadas em lendas chassídicas.

Devemos ainda a Martin Buber a *filosofia do diálogo*, na qual ele descreve dois tipos de relacionamento: *eu–ele* e *eu–tu*. O relacionamento *eu–ele* é a relação normal do homem com as coisas que o cercam, inclusive com os outros homens. O relacionamento *eu–tu* é totalmente diferente. É quando o ser humano entra no relacionamento com todo o seu ser. Para Buber, quando acontece esse tipo de contato, o que ocorre é um reflexo do relacionamento do homem com Deus. A essência da religião judaica, para ele, é que o diálogo entre Deus e o homem é possível. A Bíblia é a história do diálogo entre Deus e o homem.

ABRAHAM JOSHUA HESCHEL
(1907-1972)

Heschel foi o grande mestre do judaísmo no século XX. Ele não só é reverenciado por judeus, mas também por católicos e protestantes.

Nasceu em Varsóvia, filho de judeus chassídicos, recebendo o mesmo nome de um de seus antepassados, um dos discípulos importantes do Baal Shem Tov. Aos 14 anos já era considerado grande conhecedor do Talmude. Mais tarde começou a ler livros não judaicos e decidiu estudar em uma escola pública em Vilna, de onde partiu para fazer cursos universitários em Berlim.

Morando em Berlim, e depois em Frankfurt, Heschel viu com preocupação a ascensão do nazismo. Em 1938 a Gestapo o prendeu e o deportou para a Polônia, e em 1939 ele conseguiu viajar para a Inglaterra, ficando algum tempo em Londres. Quando os nazistas invadiram a Polônia, sua mãe e uma de suas irmãs foram assassinadas. Heschel nunca mais quis regressar à Alemanha, nem à Áustria, ou à Polônia.

Julian Morgenstern, o presidente do Hebrew College of Cincinatti, lhe conseguiu um visto para os Estados Unidos. Ele ficou durante vários anos em Cincinatti, mudando-se, depois, para Nova York, como professor do Jewish Theological Seminary.

Ao rever sua tese de doutorado, realizada em Berlim, sobre os Profetas, para publicá-la em inglês, Heschel achou que devia envolver-se diretamente com os movimentos pelos direitos civis. Em 1963 conheceu Martin Luther King e os dois se tornaram grandes amigos. Em 1965 caminhou ao lado de King em Selma, no Estado de Alabama, em uma grande marcha pelos direitos civis dos negros. Ele, certa vez, comentou: "Quando marchei com Martin Luther King, em Selma, senti que minhas pernas rezavam". E acrescentou, mais tarde: "Martin Luther King é um sinal de que Deus não abandonou a América... Sua missão é sagrada... Peço a cada judeu que ouça a sua voz, compartilhe a sua visão, siga o seu caminho".

Quando King foi assassinado, a primeira pessoa a quem sua viúva telefonou foi Heschel, que a ajudou a dirigir o serviço fúnebre.

Quando ele viajou para Roma, para conversar com o cardeal Bea e o papa Paulo VI e discutir a *Nostra Aetate*, a Resolução do Conselho Vaticano II a respeito das diferentes religiões, foi severamente criticado por rabinos de diversos grupos. "Não acreditamos que você possa ser bem-sucedido", disseram eles. Ao que Heschel respondeu: "E, porque vocês não acreditam, então não devo tentar?"

Devemos lembrar que o Concílio Vaticano II foi criado pelo papa João XXIII, que sempre teve um carinho especial pelos judeus. Muito antes de ser papa, quando era o Monsenhor Roncalli e se encontrava na Bulgária, no início da Segunda Guerra Mundial, ele conseguiu obter vistos de saída para muitos judeus e a outros forneceu certidões de batismo falsas, para que eles passassem por cristãos. Segundo o rabino Isaac Herzog, de Jerusalém, ele salvou milhares de judeus.

Mas o papa João XXIII faleceu antes do término do Concílio, que foi concluído por Paulo VI, seu sucessor.

A participação de Heschel foi totalmente bem-sucedida, graças à sua posição extremamente firme. Quando foi lida uma declaração preliminar em que o Conselho Ecumênico expressava a esperança de que os judeus um dia se convertessem à Igreja católica, Heschel declarou: "Prefiro ir para Auschwitz a abandonar a minha religião". E foi Heschel quem persuadiu o papa Paulo VI a eliminar o parágrafo em que havia a referência ao desejo de conversão dos judeus.

Heschel voltou a ter contato com o papa Paulo VI em 1971. Este o recebeu carinhosamente e lhe contou que havia lido vários de seus livros, e achava que os católicos os deviam ler.

Ele manteve relacionamentos pessoais com teólogos católicos e protestantes, fez inúmeras palestras em universidades cristãs e seus escritos são freqüentemente lidos por cristãos. Sua cultura judaica era impressionante e ele tinha a capacidade especial de chamar a atenção de seus discípulos para fenômenos naturais, como um pôr-do-sol, que para ele eram milagrosos.

Houve um ano, durante a Páscoa judaica, em que ele fez um apelo especial para que ninguém pusesse folhas de alface nas *kearot*, os pratos especiais de Pêssach. Isso porque a alface era cultivada, nos Estados Unidos, por *chicanos*, que, por serem imigrantes ilegais, eram explorados quase como escravos. Essa preocupação ética de Heschel, como se pode ver, transcendia as posturas habituais dos rabinos contemporâneos. Podemos afirmar que seu significado para o judaísmo foi de importância transcendental.

CAPÍTULO IX

O JUDAÍSMO NO SÉCULO XXI

Atualmente existem duas grandes correntes no judaísmo: os ortodoxos e os liberais. Cada uma dessas correntes, por sua vez, compreende diversos subgrupos.

O JUDAÍSMO ORTODOXO

Os grupos ortodoxos são semelhantes em suas crenças, diferindo apenas na importância que atribuem a determinadas interpretações. Suas atitudes com relação à cultura moderna, e também ao Estado de Israel, são muito variadas.

A denominação "judaísmo ortodoxo" é relativamente recente e não tem raízes históricas. Ela foi adotada para separar esses grupos dos grupos liberais.

Os judeus ortodoxos consideram-se continuadores das crenças e práticas aceitas pelo povo judeu no Monte Sinai. Acreditam que a Lei Escrita (a Bíblia) e a Lei Oral são de origem divina e representam a palavra de Deus. A Lei Oral inclui o Talmude, os *Rishonim* (os comentaristas da Idade Média) e o *Shulchan Aruch*, de Joseph Caro, e/ou o *Mapá*, do rabino Moshe Isserlis, uma adaptação do *Shulchan Aruch* para a filosofia judaica asquenaze.

Os principais grupos ortodoxos do momento presente são os seguintes:

CHASSÍDICOS

Já vimos que o movimento chassídico começou com o Baal Shem Tov, que teve numerosos seguidores.

Houve grandes oposições ao chassidismo com relação à observância da *Halachá*, o conjunto de leis judaicas. Os *mitnagdim* (opositores), liderados pelo rabino Elijah ben Solomon, o Gaon de Vilna e seus discípulos, combateram intensamente as doutrinas chassídicas. Mas, ao longo do tempo, os chassídicos começaram a se aproximar dos outros grupos ortodoxos, dedicando-se mais intensamente ao estudo da Torá e do Talmude. Com isso o antagonismo entre esses grupos se reduziu. Em Israel, contudo, ainda persistem, até hoje, disputas entre os chassídicos e os *mitnagdim*.

Na segunda metade do século XIX, a expansão do chassidismo se reduziu, em virtude das novas tendências da cultura judaica. O iluminismo, as idéias de nacionalismo e o movimento sionista alteraram a vida dos judeus. O chassidismo se opôs a todas as mudanças e por isso se isolou. A grande maioria dos grupos chassídicos era totalmente contra o movimento sionista, que encorajava as emigrações para Israel. Durante o Holocausto, muitos dos centros chassídicos da Europa Ocidental foram destruídos e vários membros foram mortos, inclusive seus líderes. Alguns se mudaram para Israel, outros para os Estados Unidos, onde fundaram novos centros.

Os chassídicos de hoje se distinguem de outros grupos ortodoxos pela sua devoção a um líder, o Rebe, que transfere seu posto a um sucessor, estabelecendo-se, assim, uma dinastia. O maior desses grupos é o Lubavitch, com sede no Brooklyn, no Estado de Nova York, cujo último Rebe optou por não indicar nenhum sucessor. O grupo Satmar caracteriza-se pelo antagonismo, até hoje intenso, com relação ao Estado de Israel.

Alguns filósofos, como Martin Buber e Abraham Joshua Heschel, e alguns escritores, como Isaac Peretz, criaram um neochassidismo, movimento para ressaltar as doutrinas do Baal Sem Tov e de seus principais discípulos, dos quais os atuais chassídicos se afastaram. O neochassidismo exerce considerável influência na moderna cultura judaica.

NETUREI KARTA

A expressão aramaica *Neturei Karta* significa "guardiães da cidade". Eles descendem de judeus húngaros que se estabeleceram na cidade velha de Jerusalém no início do século XIX. No final do mesmo século eles se mudaram para áreas maiores da cidade, particularmente Batei Ungarin e Meá Shearim. Atualmente são aproximadamente cinco mil.

Apesar de residirem em Jerusalém, eles são totalmente contra o Estado de Israel. Acreditam que o verdadeiro Israel só pode ser restabelecido após a vinda do Messias. Ressentiram-se da chegada de outros judeus a Israel e tentaram de todas as maneiras impedir a criação do país.

AGUDAT ISRAEL

Esta organização, que reúne vários grupos ortodoxos, foi estabelecida no início do século XX como um braço político de seus participantes. Dela participam vários grupos chassídicos, bem como os ortodoxos lituanos, proponentes de um estilo muito especial de escolas judaicas (*yeshivot*).

A Agudat Israel era muito hostil ao Movimento Sionista, mas, ao ser constituído o Estado de Israel, em 1948, essa hostilidade deixou de ter significado. E passaram a representar, em Israel, os interesses dos "ultra-ortodoxos".

SHAS

A sigla SHAS significa "guardiães *sefaradim* da Torá" e o movimento é constituído por judeus *sefaradim* da Europa Ocidental e do norte da África. Eles não tiveram de enfrentar o iluminismo e o Movimento Reformista; a única ameaça à sua tradição religiosa adveio das influências secularizantes em seus países, particularmente durante a ocupação francesa do Marrocos, da Argélia e da Tunísia. Mas o estabelecimento do Estado de Israel fez que os judeus passassem a ser perseguidos nos países árabes, e por isso muitos emigraram para Israel.

A liderança de Israel, constituída por uma maioria asquenaze de cultura secular, olhava seus primos orientais como pouco civilizados e tentou absorvê-los para sua cultura.

Em 1970 a divisão étnica entre *ashkenazim* e *sefaradim* tornou-se um problema social tão importante que o grupo *sefaradim* organizou o SHAS, desligando-se da Agudat Israel.

ORTODOXIA CENTRAL AMERICANA

Este grupo se originou dos ortodoxos lituanos, mas se tornou um defensor do Movimento Sionista, trabalhando ativamente para a criação do Estado de Israel. Fazem parte desse movimento a Yeshiva University, na cidade de Nova York, e o Rabbinical Council of America.

Os Judeus Liberais

Quando os judeus europeus deixaram os guetos e passaram a se integrar, tanto social como profissionalmente, com os não-judeus, muitos acharam que alguns aspectos de sua religião deveriam ser modificados. Pela primeira vez em muitos séculos eles eram reconhecidos como cidadãos de seus respectivos países e já não precisavam usar roupas ou distintivos que os identificassem. Podiam morar onde quisessem e escolher qualquer profissão. Passaram a estudar em escolas públicas e em universidades.

E assim começou a surgir, na Alemanha, um movimento para tornar os serviços religiosos mais fáceis de ser compreendidos, incorporando música e leituras na língua do país. Em 1801 Israel Jacobson propôs uma concepção liberal para o judaísmo. Também nessa época se iniciaram os estudos da Bíblia utilizando métodos científicos. O rabino Abraham Geiger, homem erudito que conhecia bem a Bíblia e o Talmude, começou a estudar a história do povo judeu, concluindo que, ao longo dos anos, ela apresentava importantes mudanças. De tempos em tempos alguns costumes eram abandonados, outros introduzidos. Geiger observou que essas mudanças facilitavam aos judeus a observância do judaísmo e que então era o momento de empreender novas mudanças.

O Movimento Reformista

Assim, a partir de 1810, começaram a surgir, em várias cidades, as sinagogas do Movimento Reformista. Alguns alemães que emigraram para os Estados Unidos em meados do século XIX levaram com eles o Movimento Reformista, que logo se desenvolveu de forma extraordinária.

O rabino Isaac Mayer Wise, que foi da Boêmia para os Estados Unidos em 1846, desempenhou o grande papel de codificador do Movimento, editando o primeiro *Sidur* (livro de rezas) e fundando, em 1873, a Union of American Hebrew Congregations (que agora se chama Union for Reform Judaism). Em 1875 ele fundou o Seminário Rabínico de Cincinnati, Ohio, e, em 1889, a Central Conference of American Rabbis, a Assembléia Rabínica do Movimento Reformista.

No final do século XIX, cerca de 90% das sinagogas norte-americanas eram reformistas. Foi nessa ocasião que se iniciou a grande imigração de judeus ortodoxos da Europa Oriental. Ainda assim o Movimento Reformista congrega o maior número de judeus nos Estados Unidos, com mais de 900 congregações e um milhão e meio de membros.

A preocupação em mudar foi um tanto excessiva e os serviços nas sinagogas reformistas eram em tudo semelhantes aos das igrejas protestantes. A partir de 1935, contudo, começou a surgir uma reavaliação de princípios, que reintroduziu muitas das práticas tradicionais.

O Movimento Conservador (Massorti)

As raízes do Movimento Conservador são semelhantes às do Judaísmo Reformista. Ele também se desenvolveu a partir dos anos 1800, na Europa e nos Estados Unidos. De certa forma, ele preocupou-se em corrigir os exageros do Movimento Reformista, mantendo uma atitude conservadora diante das leis judaicas (*Halachá*). Apesar dessa atitude rígida com relação à *Halachá*, o movimento aprova a crítica da Bíblia pelos estudos científicos, filosóficos e arqueológicos.

Sua importância aumentou com a criação, em 1886, do Jewish Theological Seminary e mais ainda após sua reorganização, em 1902, pelo rabino Solomon Schechter. Fora dos Estados Unidos ele é conhecido como Movimento Massorti — palavra hebraica que significa "tradicional".

O Movimento Reconstrucionista

Foi fundado nos Estados Unidos, em 1955, pelo rabino Mordecai Kaplan, que durante muitos anos foi um membro ativo do Movimento Conservador.

Para os reconstrucionistas, o judaísmo é a civilização religiosa do povo judeu em sua constante evolução. Para eles, cada geração de judeus modificou de forma quase imperceptível suas tradições, e essa evolução precisa ser estimulada.

O rabino Kaplan procurou *reconstruir* a perspectiva teológica tradicional, advinda de sociedades hierárquicas, para a sociedade norte-americana, na qual a autoridade advém do povo e a identidade religiosa ou étnica não pode ser uma barreira para a participação social, econômica ou política. O movimento traz a ética judaica aos problemas sociais norte-americanos, ao mesmo tempo que incorpora os melhores valores da sociedade norte-americana ao judaísmo.

O reconstrucionismo baseia-se na experiência de vida do povo judeu, dando mais importância à *descoberta* do que à revelação. É, talvez, o mais liberal dos judaísmos e procura oferecer expressão espiritual e desafios éticos para ajudar os judeus a encontrar seu caminho na religião.

Filosoficamente, os reconstrucionistas são humanistas. Acreditam que todas as religiões, inclusive o judaísmo, são invenções humanas e que nenhuma tradição possui o monopólio da verdade.

O Movimento Renovador

Esse é um movimento neochassídico, cujo líder espiritual é o rabino Zalman Schachter-Salomi.

O rabino Zalman nasceu na Polônia em 1924 e foi educado na forma judaica tradicional em Viena. Conseguiu escapar do Holocausto fugindo para vários países, chegando a Nova York em 1941, onde se matriculou na *yeshivá* central do grupo Lubavitch, no Brooklyn, ordenando-se rabino em 1947.

Seu temperamento era um tanto rebelde. Na congregação em que foi designado rabino, em Boston, ele permitia às mulheres que participassem ativamente dos serviços. Além disso, matriculou-se em um curso de pós-graduação em Psicologia da Religião na Universidade de Boston. Um de seus professores foi o grande teólogo Howard Thurman, pastor protestante negro envolvido em múltiplas atividades pelos direitos humanos. Foi nesse curso que ele entrou em contato com a meditação.

Em 1956 freqüentou Estudos Judaicos na Universidade de Manitoba, no Canadá. Ele buscava uma forma de restaurar as tradições do judaísmo sem modificá-las, mas em 1959 entrou em atrito com o grupo Lubavitch. Embora grato por ter aprendido com eles a tradição mística do judaísmo, discordava da insistência com que eles afirmavam ser os únicos donos da verdade espiritual.

Ao longo da década de 1960, o rabino Zalman e um pequeno grupo de seguidores começaram a fazer experiências com novas liturgias e formas de orar. Em sua busca, ele se correspondeu com o filósofo católico Thomas Merton, visitou um convento trapista e estudou a modernização da liturgia, das línguas e da doutrina da Igreja católica levada a efeito pelo papa João XXIII. Conversou com místicos sufi, gurus da Índia e pajés de tribos indígenas norte-americanas. Desde 1995 ensina Sabedoria Universal no Instituto Naropa, organização budista em Boulder, no Estado de Colorado, da qual está agora se aposentando.

Assim surgiu o Movimento Renovador, cujo objetivo é auxiliar o desenvolvimento espiritual das pessoas, das comunidades e do nosso planeta. Ele se baseia nas tradições proféticas do judaísmo, complementando-as com atitudes contemporâneas, como ecologia, feminismo e democracia. Procura estimular a renovação do judaísmo, que existe desde seus primórdios. E é fundamentalmente um movimento místico, que incentiva as práticas espirituais.

* * *

Ao observarmos as diversas correntes do judaísmo ortodoxo, podemos notar que as diferenças entre elas quanto aos aspectos religiosos são bem pouco importantes; são significativas, contudo, no que diz respeito à sua atitude em relação ao Estado de Israel.

Os movimentos liberais também diferem pouco. Ao rever suas posições excessivamente arrojadas e se tornar mais tradicionalista, o Movimento Reformista aproximou-se bastante do Movimento Conservador. E ambos abandonaram sua posição excessivamente intelectualizada e absorveram um pouco do misticismo proposto pelo Movimento Renovador e outro tanto da visão da vida moderna enfocada pelo Movimento Reconstrucionista. Nos Estados Unidos existem sinagogas que se anunciam como reconstrucionistas e renovadoras ao mesmo tempo, demonstrando não haver conflitos doutrinários entre essas duas correntes.

Na verdade, os movimentos liberais são pluralistas. Eles admitem que interpretações diferentes podem ocorrer, e também têm uma atitude aberta quanto a outras religiões. Isso não ocorre com os movimentos ortodoxos. Cada um deles acha que sua interpretação do judaísmo é a única correta, a única admissível, e nenhuma tolerância é demonstrada com relação aos que realizam interpretações diferentes.

Essa crença advém, muito provavelmente, do tipo de educação que eles recebem. Desde crianças, freqüentam escolas especiais nas quais são alfabetizados em ídiche, que é a língua que falam entre si, utilizando o hebraico como "língua sagrada", isto é, somente para rezar. Seu currículo inclui a Bíblia, o Talmude, o Shulchan Aruch e seus comentários e os tratados legais de Maimônides. Não há dúvida de que seu conhecimento do Talmude é extraordinário, mas eles não estudam a história judaica e não relacionam esses textos com a época em que foram escritos. E manifestam profundo desprezo pelos que usam o raciocínio crítico e os conhecimentos seculares para enriquecer os estudos.

Precisamos lembrar que Maimônides conhecia profundamente o Talmude, mas também conhecia a medicina, a filosofia, a lingüística e até mesmo a poesia. E sua extensa visão da filosofia aristotélica não faz parte dos currículos da *yeshivá*.

Outro problema da educação restrita é a dificuldade de adaptação ao progresso tecnológico e científico, o que leva ao fundamentalismo cultural. Afirmar que o mundo tem cerca de 5.600 anos traz muitos problemas. É difícil aceitar a idéia de que Deus enterrou os esqueletos dos dinossauros apenas para iludir os cientistas. Como também é difícil, em plena era de viagens espaciais, afirmar que o Sol gira em torno da Terra, simplesmente porque um salmo assim o diz.

O fundamentalismo leva, também, a interpretações distorcidas dos livros sagrados. Os rabinos ultra-ortodoxos estão envolvidos em uma *milchemet mitzvá*, uma guerra *divinamente comandada*, contra os judeus liberais. Uma das manifestações dessa "guerra santa", que não é privilégio dos muçulmanos, foi o assassínio do primeiro-ministro Yitzhak Rabin. Esse grande homem foi intensamente hostilizado pelos grupos ortodoxos de Israel por estar disposto a *ceder terras judaicas sagradas a não-judeus*, quando sua intenção era trocar terras por paz e preservação de vidas.

* * *

Em 1865, 71 rabinos ortodoxos, reunidos na cidade de Michalovce, na Eslováquia, estabeleceram o princípio de que "tudo que é novo é proibido pela Torá" — uma frase do rabino Moses Sofer, autoridade haláchica húngara do século XVIII. Essa decisão, que continua sendo mantida, tornou o judaísmo ortodoxo estático. Tenho muitos amigos que são ortodoxos. Considero-os pessoas maravilhosas, que realizam excelente trabalho comunitário. Mas o fato é que, ao longo dos séculos, o judaísmo sempre apresentou mudanças, e por isso é muito estranho, no século XIX, tomar-se a decisão de nada mudar.

As grandes contribuições do povo judeu ao mundo moderno, na área da filosofia, da cultura e da luta pelos direitos humanos, se devem aos judeus liberais, e não aos ortodoxos, uma vez que esses se atêm ao mundo judeu. Seus contatos com não-judeus são poucos e raros.

A decisão de não mudar mantém, ainda, uma estranha atitude dos judeus ortodoxos com relação às mulheres. A Bíblia não discrimina as mulheres: existem grandes matriarcas. Mas a era talmúdica foi um período essencialmente patriarcal, e as mulheres foram praticamente expulsas das atividades religiosas.

Nós hoje sabemos que nos primeiros séculos da era comum as mulheres desempenhavam papel relevante no judaísmo. Nos serviços religiosos elas eram chamadas para ler a Torá. Sucedeu, contudo, que, quando o aramaico se tornou a língua do povo, algumas pessoas tinham dificuldade de ler o hebraico dos textos religiosos. Os antigos rabinos acharam que a leitura da Torá por mulheres "envergonhava" a congregação, por fazer supor que os homens não sabiam ler! Foi adicionada uma observação proibindo a leitura da Torá pelas mulheres.

As filhas de Rashi, que eram fluentes em hebraico e ajudaram seu pai a redigir seus comentários, costumavam usar o *talit* — um xale cerimonial — e *tefilin* — duas pequenas caixas pretas que se costuma utilizar nas rezas, uma no braço, outra na cabeça, atadas por tiras de couro — quando faziam, de manhã, suas orações. Aos poucos o costume desapareceu e muitos acham que foi proibido. Assim, também, é costume, nas sinagogas tradicionais, haver lugares separados para homens e mulheres. Essa separação resulta, simplesmente, de interpretação errônea de textos do Talmude.

A verdade é que o final do século XIX e o século XX marcaram a emancipação da mulher. E a religião judaica não tem por que excluir metade do gênero humano da participação ativa na religião. O judeu ortodoxo de hoje afirma que a mulher não precisa rezar por ser superior, mas essa desculpa não explica a oração extremamente machista que ele reza todas as manhãs, agradecendo a Deus *por não ter nascido mulher*.

Como disse a rabina Amy Eilberg, a primeira mulher a completar seu curso de rabinato no Jewish Theological Seminary, "Nós abrimos as portas para pessoas que acreditavam que os textos e as instituições do judaísmo estavam fechados para elas".

* * *

A circunstância de os judeus ortodoxos viverem, durante muito tempo, em círculos fechados, levou a outro problema extremamente preocupante. Eles têm uma tendência a desconsiderar os não-judeus.

Sabemos que o judaísmo é uma religião ética, a primeira que o mundo conheceu. A Bíblia é muito clara ao estender o comportamento ético a todas as pessoas, e tem uma consideração especial com os "estrangeiros".

Mas o que vemos entre os ortodoxos é uma ética dirigida somente a judeus. Assim, por exemplo, no Shabat, muitos ortodoxos utilizam não-judeus para realizar determinadas tarefas que eles se sentem proibidos de fazer. Mas a Bíblia estende a todos os estrangeiros, assim como aos escravos e até aos animais do campo, as recomendações sobre o Shabat (Êxodo 20,8-11 e 31,16-17; Deuteronômio 5,12-15).

Os movimentos ortodoxos são também extremamente rígidos com relação às conversões ao judaísmo. Em Israel, por exemplo, eles se recusam a ver como judeus as pessoas convertidas por rabinos liberais, o que acabou exigindo a intervenção da Corte Suprema, que determinou que essas conversões fossem consideradas legítimas para fins de imigração.

Os movimentos ortodoxos acusam os liberais de não seguirem as regras bíblicas e talmúdicas (que eles consideram de origem divina) ao pé da letra. E atribuem aos movimentos liberais "o fim do judaísmo", em virtude do grande número de casamentos mistos entre os judeus reformistas e conservadores. O problema, contudo, não é o casamento misto; é o hábito absurdo de fechar as portas aos judeus que se casam com não-judeus. Essa atitude faz o judaísmo perder seus filhos e deixar de adquirir novas pessoas, inclusive os filhos do casal.

Os movimentos liberais, por sua vez, acusam os ortodoxos de se aterem a regras estabelecidas há muitos séculos, muitas das quais não se aplicam à vida atual, e de descumprirem os preceitos éticos do judaísmo.

Para mim, não há nenhuma dúvida de que os movimentos liberais são mais coerentes, por aceitarem o desenvolvimento científico, o estudo crítico da Bíblia e do Talmude e por respeitarem os princípios éticos do judaísmo. E, como vimos ao longo desta narrativa, o judaísmo sempre mudou, ao longo dos séculos. Na realidade, ele só sobreviveu por ter se adaptado à evolução histórica da humanidade.

* * *

E as outras religiões?

O islamismo é uma religião altamente estruturada, com muitos pontos de contato com o judaísmo, do qual derivou. Os muçulmanos que conheço dizem-me que o Alcorão é um livro lindo, que infelizmente perde muito de sua beleza ao ser traduzido para outras línguas. Assim como o ideal é ler a Bíblia em hebraico, o ideal é ler o Alcorão em árabe. Infelizmente, existe o fundamentalismo islâmico, que deseja destruir o mundo ocidental e nada tem que ver com religião; apenas a interpreta à sua maneira, dela extraindo ódio em vez de amor.

Quanto ao cristianismo, hoje em dia existem relações muito cordiais entre judeus e cristãos, dos intelectuais aos teólogos. Mas essas relações não são conhecidas pela maioria dos cristãos nem por grande parte dos judeus. Assim, por exemplo, os textos escolares sobre o cristianismo disponíveis para os estudantes de Israel não mencionam a declaração *Nostra Aetate*, publicada em 1965, que promulga as conclusões do Concílio Vaticano II sobre as relações da Igreja católica com as religiões não-cristãs.

Esse texto mostra a percepção da Igreja católica com o desconforto que o símbolo da cruz representa para os judeus: "Por causa das perseguições bimilenares em países chamados cristãos, a Cruz de Cristo se tornou para os judeus um sinal que provoca reação de temor e de amargura".

O mesmo desconforto se manifesta em relação a Jesus, homem judeu que de forma alguma pode ser responsabilizado pelo que se fez, em seu nome, ao longo de vários séculos, contra o povo judeu. Mas, gradativamente, a figura de Jesus começa a emergir no judaísmo.

O pioneiro foi provavelmente Espinosa, para quem Jesus era um filósofo e profeta "tão importante como qualquer um dos citados no Velho Testamento".

Recentemente o rabino Rami Shapiro escreveu as seguintes palavras:

Amo Jesus como um grande rebe. Sinto grande sabedoria na sua Torá, e grande força na sua maneira de ensiná-la. Acredito que ele era um judeu místico, tomado por Deus, que desafiou, ao mesmo tempo, o *status* dos judeus e dos romanos. Ele era um navi, um profeta, ou, para usar o termo de Gandhi, um satyagrahi, uma pessoa que diz a verdade de forma poderosa... Acredito que nós, judeus, precisamos resgatar Jesus como parte de nossa herança sagrada... Precisamos ensinar aos nossos filhos quem foi o verdadeiro Jesus judeu.

* * *

Há ainda muito por fazer na área da religião. Temos de ser éticos e honestos para atingir nossos objetivos. Precisamos destruir os preconceitos e desfazer as barreiras que separam os grupos humanos, para poder caminhar decididamente em direção aos ideais do futuro. São tarefas difíceis, mas existem indícios que, de alguma forma, nos mostram que estamos muito mais próximos de sua possibilidade de realização do que em qualquer outro momento da história. Nada está concluído; ainda temos muito por fazer.

EPÍLOGO

...No man is an Iland, intire of it selfe; every man is a peece of the Continent, a part of the maine; if a Clod bee washed away by the Sea, Europe is the lesse, as well as if a Promontorie were, as well as if a Mannor of thy friends or of thine owne were; any mans death diminishes me, because I am involved in Mankinde; And therefore never send to know for whom the bell tolls; It tolls for thee.

JOHN DONNE
(1572-1631)

Diz o Talmude que salvar uma vida é salvar toda a humanidade.

Esse fragmento de uma antiga meditação de John Donne, poeta e pregador anglicano, expande esse pensamento de maneira maravilhosa. Donne é justamente considerado um dos mais importantes escritores da língua inglesa; poucos conseguiram expressar-se de forma tão pura.

Como disse no começo deste livro, todas as religiões são moderadamente verdadeiras.

O teólogo e profeta Abraham Joshua Heschel assim parafraseou o texto de Donne:

Nenhuma religião é uma ilha. Nenhuma tem o monopólio da santidade. Somos companheiros de todos os que reverenciam a Deus. Rejubilamo-nos quando o nome divino é ouvido. Nenhuma religião é uma ilha. Compartilhamos o companheirismo da humanidade e a capacidade de compaixão. O espírito de Deus vive em todos, judeus ou gentios, homens ou mulheres, em consonância com seus atos.

Mas muitas vezes a religião foi e é usada para perseguir pessoas de outras religiões. Essas são fraquezas humanas, são manobras políticas, são mesquinharias da mente humana. Nenhuma religião manda fazer nenhuma dessas coisas. São simplesmente interpretações malignas de seus princípios.

Não temos todos um só Criador? Não somos todos filhos de Deus? Que não sejamos guiados pela ignorância e pelo desprezo. Que a santidade de nossa vida ilumine nosso caminho.

Uma das funções da religião é nos dar carinho, nos proteger quando precisamos dela.

Já dizia Hilel: "Não te apartes de tua comunidade". Dentro da comunidade encontramos alegria, celebramos nascimentos, casamentos e outras festas religiosas. E recebemos proteção nos momentos de tristeza. Reunimo-nos com amigos e com Deus.

Não importa se somos judeus, católicos, protestantes, muçulmanos, budistas ou brâmanes. Não faz nenhuma diferença para Deus, desde que, em quaisquer dessas circunstâncias, possamos nos sentir perto dEle.

CRONOLOGIA

Esta cronologia menciona dados da história judaica e acontecimentos relevantes do mundo. Algumas datas anteriores à Era Comum são aproximadas.

15 bilhões a.E.C.	— *Big Bang*: origem do Universo.
6 bilhões a.E.C.	— Origem do nosso sistema solar e do planeta Terra.
3,8 bilhões a.E.C.	— Primeiras formas de vida na Terra.
2 milhões a.E.C.	— Primeiros primatas.
600 mil	— Aparecimento do *Homo sapiens*.
2000 a 1700 a.E.C.	— Era dos patriarcas (Abraão, Isaac e Jacó) e das matriarcas (Sara, Rebeca, Lea e Raquel).
1700 a 1600 a.E.C.	— Israelitas entram no Egito.
1364 a 1347 a.E.C.	— Amenotep IV, o faraó monoteísta.
1275 a 1250 a.E.C.	— O Êxodo.
1250 a 1200 a.E.C.	— A Conquista de Canaã.
1230 a.E.C.	— Guerra de Tróia.
1030 a 1010 a.E.C.	— Reinado de Saul.
1010 a 961 a.E.C.	— Reinado de Davi.

1004 a.E.C. —	Conquista de Jerusalém, que se torna a capital do reino.
961 a 922 a.E.C. —	Reinado de Salomão.
955 a.E.C. —	Inauguração do Templo de Salomão.
928 a.E.C. —	Divisão do reino de Israel em dois.
800 a 700 a.E.C. —	Época dos profetas Amos e Oséias.
721 a.E.C. —	Destruição do Reino de Israel pelos assírios.
622 a.E.C. —	Deuteronômio encontrado no Templo.
605 a.E.C. —	Zaratustra.
600 a 500 a.E.C. —	Época dos profetas Jeremias e Segundo Livro de Isaías. A Torá é escrita.
586 a.E.C. —	Destruição do Templo de Salomão.
586 a 538 a.E.C. —	Exílio na Babilônia.
566 a.E.C. —	Nascimento de Buda.
538 a.E.C. —	Retorno a Jerusalém após o exílio na Babilônia.
500 a 400 a.E.C. —	Canonização dos livros dos Profetas.
469 a 399 a.E.C. —	Sócrates.
445 a.E.C. —	Reconstrução do Templo de Jerusalém por Neemias.
427 a 347 a.E.C. —	Platão.
384 a 322 a.E.C. —	Aristóteles.
333 a.E.C. —	Alexandre, o Grande, invade Israel.
323 a.E.C. —	Morre Alexandre, o Grande.
300 a 200 a.E.C. —	Septuaginta.
200 a 100 a.E.C. —	Estabelecimento da comunidade de Qumram.
198 a.E.C. —	Antíoco III invade Israel.
167 a.E.C. —	Antíoco profana o Templo.
164 a.E.C. —	Revolta dos macabeus e rededicação do Templo; primeira festa de Chanucá.
63 a.E.C. —	Pompeu torna Israel uma possessão romana.
50 a.E.C. a 37 —	Shamai.
40 a.E.C. a 10 —	Hilel.

37 a.E.C. a 4 a.E.C. — Reinado de Herodes, o Grande.
20 a.E.C. a 50 — Fílon de Alexandria.
6 a.E.C. — Nascimento de Jesus.
30 — Crucificação de Jesus.
35 — Conversão de Paulo.
50 a 135 — Rabi Akiva.
62 — Tiago é morto por apedrejamento.
66 a 73 — Cerco à fortaleza de Massada.
68 — Comunidade Qumram é destruída pelos romanos.
70 — Destruição de Jerusalém.
132 a 135 — Revolta de Bar Kochba.
200 a 300 — Criação das Academias Judaicas na Babilônia.
210 — Redação da *Mishná*.
314 — O imperador Constantino adota o cristianismo como religião oficial de Roma.
325 — Concílio de Nicéia.
400 — Redação do Talmude de Jerusalém.
499 — Redação do Talmude da Babilônia.
589 — Início da era gaônica na Babilônia; adoção do catolicismo pelos visigodos na Espanha.
612 — Concílio de Toledo determina perseguição aos judeus da Espanha.
622 — Fuga de Maomé para Medina; início do islamismo.
632 — Morte de Maomé.
711 — Os muçulmanos invadem Espanha e Portugal. Época de ouro do judaísmo na Espanha.
760 — Início do caraísmo.
768 a 814 — Reinado de Carlos Magno.
900 — Versão massorética da Torá.
980-1037 — Avicena (Abu Ali al-Hussein ibn Abdallah ibn Sina), médico e filósofo muçulmano que influenciou Maimônides e Tomás de Aquino.

1040-1105 — Shlomo Itzchaki (Rashi).
1096-1099 — Primeira Cruzada.
1099 — Invasão de Jerusalém pelos cruzados.
1135-1204 — Moshe ben Maimon (Maimônides).
1136 — Invasão da Espanha pelos almôadas.
1147-1148 — Segunda Cruzada.
1189-1192 — Terceira Cruzada.
1194-1270 — Moshe ben Nachman Gerondi — Nachmânides.
1201-1204 — Quarta Cruzada.
1218-1221 — Quinta Cruzada.
1225-1274 — Tomás de Aquino.
1228-1229 — Sexta Cruzada.
1248-1254 — Sétima Cruzada.
1263 — Debate entre Nachmânides e Pablo Christiani na Catalunha, Espanha.
1270 — Oitava (última) Cruzada.
1290 — Publicação do *Zohar* pelo Rabi Moses de Leon; expulsão dos judeus da Inglaterra.
1306 — Judeus expulsos da França.
1391 — Massacres e conversões forçadas na Espanha.
1421 — Judeus expulsos da Áustria.
1445 — Gutenberg imprime a Bíblia.
1453 — Primeiro livro judaico impresso.
1466-1536 — Desiderius Erasmus (Erasmo de Roterdam).
1478-1535 — Thomas More.
1480 — Estabelecimento da Inquisição na Espanha.
1483-1546 — Lutero.
1484-1531 — Huldrych Zwingli (Zuínglio).
1492 — Descoberta da América por Colombo; judeus expulsos da Espanha e da Sicília.
1497-1498 — Viagem de Vasco da Gama para a Índia.
1497 — Conversão obrigatória dos judeus em Portugal.
1500 — Descobrimento do Brasil.

1509-1564 — Calvino.
1516 — Primeiro gueto estabelecido em Veneza.
1530 — Expedição de Martim Afonso de Sousa.
1531 — Estabelecimento da Inquisição em Portugal.
1534-1572 — Iitzchak ben Solomon Ashkenazi — Isaac Luria.
1536 — Início da cultura de cana-de-açúcar em Recife, com judeus vindos das ilhas da Madeira e de São Tomé.
1544 — Lutero ataca os judeus.
1549 — Primeiro governador do Brasil.
1565 — Publicação do *Shulchan Aruch* de Joseph Caro.
1572 — Noite de São Bartolomeu — matança dos huguenotes.
1611 — A Bíblia do rei James, um marco da língua inglesa, mas com múltiplas incorreções.
1624-1627 — Invasões holandesas na Bahia.
1630-1654 — Invasão holandesa em Pernambuco.
1632-1677 — Baruch Espinosa.
1654 — Chegada dos primeiros judeus a Nova Amsterdã (Nova York).
1656 — Espinosa é expulso da comunidade judaica.
1698-1760 — Israel ben Eliezer, o Baal Shem Tov.
1729-1786 — Moses Mendelssohn.
1789 — Queda da Bastilha; início da Revolução Francesa.
1800 — Napoleão assume o poder na França.
1810 — Primeira sinagoga reformista na Alemanha.
1878-1965 — Martin Buber.
1886 — Criação do Jewish Theological Seminary, o seminário do movimento conservador.
1897 — Primeiro Congresso Sionista.
1907-1972 — Abraham Joshua Heschel.
1945 — Evangelhos manuscritos encontrados em Hag Hammadi, no Egito.
1947 — Encontrados os manuscritos de Qumram, no mar Morto.

1955 — Mordecai Kaplan funda o judaísmo reconstrucionista.
1960 — Zalman Schachter-Salomi funda o judaísmo renovador.
1965 — Concílio Vaticano II elabora a resolução *Nostra Aetate*; os judeus são "absolvidos" de "deicídio".
1972 — Primeira mulher graduada como rabina do movimento reformista.
1985 — Primeira mulher graduada como rabina do movimento conservador.
1995 — Assassínio do primeiro-ministro do Estado de Israel, Yitzak Rabin.

REFERÊNCIAS

ASIMOV, Isaac. *Isaac Asimov's book of facts*. Nova York: Grosset & Dunlap, 1979.
CROSSAN, John Dominic. *Jesus — A revolutionary biography*. São Francisco: Harper, 1994.
DONNE, John. "Devotions upon emergent occasions" (1624). In: *The works of John Donne*. Disponível em http:<//www.luminarium.org/sevenlit/donne/donnebib.htm>.
ENCYCLOPAEDIA JUDAICA. Jerusalém: Judaica Multimedia & Keter, 1997. (CD-ROM Edition.)
FAST, Howard. *The Jews — History of a people*. Nova York: Dell, 1978.
FRANKEL, Ellen. *The jewish spirit*. Nova York: Stewart, Tabori & Chang, 1997.
FREUD, Sigmund. "Moses and monotheism". In: *The standard edition of the complete psychological works of Sigmund Freud*. Organização James Strachey, Alix Strachey & Alan Tyson. Londres: Hogarth Press, 1953-1974.
HESCHEL, Abraham Joshua. *O último dos profetas — Uma introdução ao pensamento de Abraham Joshua Heschel*. São Paulo: Manole, 2002.
HILTON, James. *Lost horizon*. Nova York: Pocket Books, 1945.
HUXLEY, Aldous. *After many a summer dies the swan*. Nova York: Harper & Brothers, 1939.

HUXLEY, Aldous. *Brave new world*. Garden City: Doubleday, Doran & Co. Inc., 1932.

_____. *Brave new world revisited*. Nova York: Harper & Collins, 1958.

_____. "Introduction". In: *The song of God: Bhagavad Ghita*. Tradução Swami Prabhavananda e Christopher Isherwood. Nova York: Mentor Books, 1954.

_____. *Island*. Nova York: Harper & Row, 1962.

_____. *The devils of Loudun*. Nova York: Harper & Brothers, 1952.

_____. *The perennial philosophy*. Nova York: Harper & Brothers, 1942.

_____. *Time must have a stop*. Nova York: Harper & Brothers, 1944.

HUXLEY, Julian. *Man in the modern world*. Nova York: Harper, 1947.

_____. *Religion without revelation*. Nova York: Mentor Books, 1957.

GOLDBERG, David J.; RAYNER, John D. *Os judeus e o judaísmo*. Rio de Janeiro: Xenon, 1989.

INTERNET ENCYCLOPEDIA OF PHILOSOPHY. Disponível em: <http://www.iep.utm.edu/>.

JOHNSON, Paul. *A history of the Jews*. Nova York: Harper & Row, 1988.

JOSEFO, Flávio. *História dos hebreus*. São Paulo: Editora das Américas, 1956.

MAUGHAM, William Somerset. *The razor's edge*. Londres: Penguin Books, 1992.

_____. *The summing up*. Londres: Viking Press, 1992.

NOVINSKY, Anita. *Cristãos novos na Bahia: a Inquisição no Brasil*. São Paulo: Perspectiva, 1992.

PAGELS, Elaine. *Beyond belief*. Nova York: Random House, 2003.

_____. *The gnostic gospels*. Nova York: Vintage Books, 1979.

PITZELE, Peter. "Bibliodrama". *Hineini* (Revista da Comunidade Shalom), dez. 1999.

POTOK, Chaim. *In the beginning*. Nova York: Alfred A. Knopf, 1975.

REMEN, Rachel Naomi. *My grandfather's blessings*. Nova York: Riverhead Books, 2001.

ROSNER, Fred. *The medical legacy of Moses Maimonides*. Hoboken: KTAV, 1998.

SCHOCHET, Jacob Immanuel. *Mystical concepts in chassidism*. Brooklyn: Kehot, 1988.

SCHULWEIS, Rabino Harold M. "O judaísmo e o catolicismo no século XXI." *Hineini* (Revista da Comunidade Shalom), abr. 2001.

SCHWARCZ, Lilia. *A longa viagem da Biblioteca dos Reis*. São Paulo: Companhia das Letras, 2002.

SEREBRENIC, Salomão. *Breve história dos judeus no Brasil*. Disponível em: <http://www.tryte.com.br/judaismo/colecao/br/livro10.htm>.

SHAPIRO, Rami. *A simply jewish manifesto*. Disponível em: <www.rabbirami.com/>.

SHAW, George Bernard. *Androcles and the lion*. Londres: Penguin Books, 1952.

_____. *Back to Methuselah*. Londres: Penguin Books, 1952.

_____. *Major Barbara*. Londres: Penguin Books, 1952.

_____. *Man and Superman*. Londres: Penguin Books, 1952.

_____. "The adventures of a little black girl in her search for God". In: *The black girl in search of God and other stories*. Londres: Penguin Books, 1952.

SONG OF GOD: BHAGAVAD GHITA. Tradução Swami Prabhavananda e Christopher Isherwood. Nova York: Mentor Books, 1954.

STANFORD ENCYCLOPEDIA OF PHILOSOPHY. Disponível em: <http://plato.stanford.edu/>.

TANACH. Publicado em 1917 pela Jewish Publication Society e reproduzido na *Revista do CD-ROM*, ano 7, n.° 84, julho de 2002 (Editora Europa).

TEILLARD DE CHARDIN, Pierre. *Le phénomene humain*. Paris: Editions du Seuil, 1955.

UNTERMAN, Alan. *Dicionário judaico de lendas e tradições*. Tradução Paulo Geiger. Rio de Janeiro: Jorge Zahar, 1992.

VERMES, Geza. *Jesus the Jew*. Filadélfia: Fortress Press, 1973.

WARD, Keith. *God, faith and the new millenium*. Oxford: Oneworld, 1998.

WIKIPEDIA. Disponível em: <http://en.wikipedia.org/>.

WILSON, A. N. *Jesus — A life*. Nova York: Ballantine Books, 1992.

_____. *Paul — The mind of the apostle*. Nova York: W. W. Norton, 1997.

PEDRO LUIZ MANGABEIRA ALBERNAZ nasceu em Campinas em junho de 1932. Formou-se médico em 1955 pela Escola Paulista de Medicina. Especializou-se em Otorrinolaringologia pela Washington University, nos Estados Unidos. Dividindo seu tempo entre a clínica e a pesquisa recebeu o título de mestre.

Voltou ao Brasil em 1962 e construiu uma carreira sólida e profícua, conquistando vários cargos e títulos. Professor titular da EPM, lecionou entre 1967 e 2002. Foi o fundador dos cursos de Fonoaudiologia e de pós-graduação da EPM. Presidiu a Sociedade de Otologia (1973-1977) e a Sociedade Brasileira de Otorrinolaringologia (1982-1984). Atualmente é presidente de duas prestigiosas entidades internacionais dedicadas ao ensino e à pesquisa de sua especialidade.

Tem cerca de 500 trabalhos publicados no Brasil e 120 no exterior, inúmeros capítulos de livros e 16 obras lançadas entre os anos de 1966 e 2002, sempre sobre medicina. Entre 1977 e 2004 foi co-editor e editor responsável pelo periódico da Comunidade Shalom, no qual escreveu diversos artigos sobre judaísmo.

Em busca de Deus é seu primeiro livro não-médico.

leia também

A ARTE DA PEREGRINAÇÃO
PARA O VIAJANTE EM BUSCA DO QUE LHE É SAGRADO
Phil Cousineau

O objetivo deste livro é ajudar o leitor a criar sua própria peregrinação para algum lugar que lhe seja sagrado ou inspirador. Esse lugar tanto pode ser Jerusalém, o seu estádio de futebol favorito ou a casa de seu poeta predileto. Um livro que se reporta a histórias pessoais do autor em cerca de cinqüenta países e a mitos, parábolas e citações. Indicado para aqueles que se sentem frustrados na volta de cada viagem comum.
REF. 20654   ISBN 85-7183-654-X

CAMINHO ANCESTRAL
PARA MULHERES QUE CONDUZEM A SABEDORIA MILENAR
Gioia Panozzo

Este é um livro especial, para mulheres especiais. Com texto metafórico e envolvente, Gioia estabelece um diálogo imaginário. É um apelo às mulheres que trazem dentro de si a Luz e o Amor adormecidos, para que os despertem e os projetem na humanidade. Da mesma autora de *O sol semearei em minhas terras*, sua autobiografia.
REF. 20792   ISBN 85-7183-792-9

HISTÓRIAS QUE CURAM
CONVERSAS SÁBIAS AO PÉ DO FOGÃO
Rachel Naomi Remen

Este livro esteve entre os dez mais vendidos nos EUA. Traz histórias sobre pessoas, contadas em tom intimista, como as antigas conversas nas mesas de cozinha, ao pé do fogão. Segundo Bernie Siegel, "é um lindo livro sobre a vida, nossa única verdadeira mestra". Rachel Remen é médica especializada em psico-oncologia e tem outro livro publicado pela Summus, *O paciente como ser humano*.
REF. 20536   ISBN 85-7183-536-5

A JORNADA DO HERÓI
JOSEPH CAMPBELL – VIDA E OBRA
Phil Cousineau (org.)

Obra das mais queridas dos fãs de Joseph Campbell no mundo todo, ela traz entrevistas dos últimos anos de sua vida e trechos de suas palestras. O texto caminha explicando simultaneamente o processo da jornada e a vida de Campbell. Generosamente ilustrado, com fotos e reproduções de arte, este livro comemora o centenário de Campbell proporcionando prazer a todos os sentidos.
REF. 20823   ISBN 85-7183-823-2

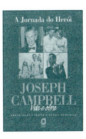

IMPRESSO NA
sumago gráfica editorial ltda
rua itauna, 789   vila maria
02111-031   são paulo   sp
telefax 11 **6955 5636**
sumago@terra.com.br

G R Á F I C A
sumago